Oliver Ostertag

Der Einfluß von Workflow und Groupware Funktionaltitä
CCITT Normen X.400 und X.500

Bibliografische Information der Deutschen Nationalbibliothek:

Bibliografische Information der Deutschen Nationalbibliothek: Die Deutsche Bibliothek verzeichnet diese Publikation in der Deutschen Nationalbibliografie; detaillierte bibliografische Daten sind im Internet über http://dnb.d-nb.de/ abrufbar.

Copyright © 1995 Diplomica Verlag GmbH
Druck und Bindung: Books on Demand GmbH, Norderstedt Germany
ISBN: 9783838648347

http://www.diplom.de/e-book/220409/der-einfluss-von-workflow-und-groupware-funktionaltitaetsanforderungen

Oliver Ostertag

Der Einfluß von Workflow und Groupware Funktionaltitätsanforderungen auf die CCITT Normen X.400 und X.500

Diplom.de

Oliver Ostertag

Der Einfluß von Workflow und Groupware Funktionaltitätsanforderungen auf die CCITT Normen X.400 und X.500

Diplomarbeit
an der Fachhochschule Furtwangen
Fachbereich Wirtschaftsinformatik
Februar 1995 Abgabe

Diplom.de

Diplomica GmbH
Hermannstal 119k
22119 Hamburg

Fon: 040 / 655 99 20
Fax: 040 / 655 99 222

agentur@diplom.de
www.diplom.de

ID 4834

ID 4834
Ostertag, Oliver: Der Einfluß von Workflow und Groupware Funktionaltitätsanforderungen auf
die CCITT Normen X.400 und X.500 / Oliver Ostertag -
Hamburg: Diplomica GmbH, 2001
Zugl.: Furtwangen, Fachhochschule, Diplom, 1995

Diplomica GmbH
http://www.diplom.de, Hamburg 2001
Printed in Germany

Wissensquellen gewinnbringend nutzen

Qualität, Praxisrelevanz und Aktualität zeichnen unsere Studien aus. Wir bieten Ihnen im Auftrag unserer Autorinnen und Autoren Wirtschafts-studien und wissenschaftliche Abschlussarbeiten – Dissertationen, Diplomarbeiten, Magisterarbeiten, Staatsexamensarbeiten und Studien-arbeiten zum Kauf. Sie wurden an deutschen Universitäten, Fachhoch-schulen, Akademien oder vergleichbaren Institutionen der Europäischen Union geschrieben. Der Notendurchschnitt liegt bei 1,5.

Wettbewerbsvorteile verschaffen – Vergleichen Sie den Preis unserer Studien mit den Honoraren externer Berater. Um dieses Wissen selbst zusammenzutragen, müssten Sie viel Zeit und Geld aufbringen.

http://www.diplom.de bietet Ihnen unser vollständiges Lieferprogramm mit mehreren tausend Studien im Internet. Neben dem Online-Katalog und der Online-Suchmaschine für Ihre Recherche steht Ihnen auch eine Online-Bestellfunktion zur Verfügung. Inhaltliche Zusammenfassungen und Inhaltsverzeichnisse zu jeder Studie sind im Internet einsehbar.

Individueller Service – Gerne senden wir Ihnen auch unseren Papier-katalog zu. Bitte fordern Sie Ihr individuelles Exemplar bei uns an. Für Fragen, Anregungen und individuelle Anfragen stehen wir Ihnen gerne zur Verfügung. Wir freuen uns auf eine gute Zusammenarbeit.

Ihr Team der Diplomarbeiten Agentur

Diplomica GmbH
Hermannstal 119k
22119 Hamburg

Fon: 040 / 655 99 20
Fax: 040 / 655 99 222

agentur@diplom.de
www.diplom.de

VORWORT

Babylonische Sprachverwirrung ist in der Informatik bei der Vielzahl neuer Begriffe häufig anzutreffen. Mit hauptsächlich aus dem angelsächsischen Wortschatz stammenden Schlagwörtern wird versucht neue Trends und Produkte zu benennen, auch wenn dafür bereits eine ganze Palette anderer Worte zur Verfügung steht. Auch die Begriffe „Workflow" und „Groupware" stellen keine grundsätzlich revolutionäre Neuerung in der Informationstechnologie dar, sondern benennen einen auch schon unter anderen Bezeichnungen bekannten Sachverhalt.

Mit der systematischen Klassifikation und Beschreibung der Funktionalität habe ich im Rahmen der Diplomarbeit zunächst versucht, die einzelnen Bausteine von Groupware unter Verwendung einer einheitlichen Terminologie herauszuarbeiten. Nach Betrachtung von organisatorischen Voraussetzungen und der Wirtschaftlichkeit sowie einem Überblick über Workflow-Management wird auf X.400 Message Handling Systeme und X.500 Verzeichnisdienste eingegangen. Neben einem Überblick der Konzepte des CCITT sind der Einfluß von Groupware auf die Normen sowie Groupware im Schichtenmodell von X.400 weitere Schwerpunkte der Diplomarbeit.

Ich bedanke mich bei meinen Betreuern, Herrn Prof. Dr. Ulf Schreier von der Fachhochschule Furtwangen und Herrn Peter Nager von der F. Hoffmann-La Roche AG, für die freundliche Unterstützung und konstruktive Kritik. Ich danke der F. Hoffmann-La Roche AG für die Ermöglichung der Zusammenarbeit. Ich bedanke mich bei Frau Gerlinde Villing und Frau Susanne Franzke für das aufmerksame Korrekturlesen des Manuskripts sowie bei allen hier namentlich nicht aufgeführten Helfern.

Basel, im Februar 1995 *Oliver Ostertag*

INHALTSVERZEICHNIS

Kapitel 1

EINFÜHRUNG

In den vergangenen zwei Jahren haben sich die ursprünglich schon jahrzehntealten Begriffe „Groupware" und „Workflow-Management" in der Computerwelt etabliert und gehören heute zum Standardwortschatz eines jeden angehenden Informatikers. Was steckt genau hinter diesen Begriffen? Über welche Funktionalität verfügen die Applikationen?

Als Beispiel für die Anwendungsschicht des OSI-Referenzmodells sind die Bezeichnungen „X.400" und „X.500" bekannt. Doch was beinhalten die CCITT-Empfehlungen für Message Handling Systeme (X.400) und Verzeichnisdienste (X.500)? Besteht ein Zusammenhang zwischen Groupware und den Empfehlungen? Welche Einflüsse sind erkennbar?

Die vorliegende Diplomarbeit versucht die gestellten Fragen zu beantworten. Dabei wird zunächst ein Überblick über den sehr dynamischen und durch eine Vielzahl von Begriffen und Definitionen geprägten Groupware- und Workflow-Bereich gegeben. Entwicklung und Definitionen von Groupware werden vorgestellt, um anschließend eine Klassifikation vorzunehmen. Die Funktionalität von Groupware wird in elf Gebiete geteilt und beschrieben. Um erkennen zu können, daß der Einsatz von Groupwareapplikationen nur bei entsprechend gegebenen organisatorischen Voraussetzungen sinnvoll möglich ist werden gruppenorientierte Organisationsformen sowie Projektorganisation und Teams vorgestellt. Wirtschaftlichkeitsbetrachtungen zeigen anschließend Kosten- und Nutzenkomponenten aber machen auch die Probleme der Quantifizierung auf diesem Gebiet deutlich.

Auf dem Gebiet der Message Handling Systeme (Serie X.400 der Empfehlungen des CCITT) wird versucht, die komplexen und nach Expertenmeinungen nur schwer durchschaubaren Konzepte der Dokumentationen des Comité Consultativ International Télégraphique et Téléphonique auf verständliche Weise darzustellen. Mittels Dienstanforderungen und Dienstelementen werden Groupwareanforderungen den X.400 Dienstmerkmalen gegenübergestellt. Anhand von „Message Store" und „Verteilerlisten" werden Groupwareeinflüsse und Änderungen der Normen beschrieben. Im Unterkapitel „Groupware im Schichtenmodell von X.400" stellt die Diplomarbeit einen Ansatz zur Integration von Groupware in das Message Handling Modell vor und entwickelt Vorüberlegungen für eine Groupware User Agent Entity (GUAE) sowie für ein real noch nicht existierendes Groupware Messaging Protokoll P_G innerhalb der Protokollklasse P_c für eine Gruppe kooperierender User Agents. Dieses Protokoll könnte nach einer prospektivischen Normierung durch ein geeignetes Gremium die Grundlage für die Kommunikation zwischen typenspezifischen Groupwareapplikationen unterschiedlicher Hersteller bilden.

Im Bereich der Verzeichnisdienste (CCITT-Serie X.500) werden neben einer Übersicht der Empfehlungen und der Beschreibung des funktionalen Modells von X.500 insbesondere die verteilte Architektur (Verteilung der Funktionen, Daten und Operationen) sowie die Sicherheitskonzepte betrachtet. Nach der Darstellung von früheren Entwürfen der heutigen CCITT-Empfehlungen der Serie X.500 werden potentielle zukünftige Änderungen der Normen in den nächsten Jahren skizziert.

Kapitel 2

GROUPWARE

Wenn sich heute zwei Menschen über Groupware unterhalten, ohne dabei konkret auf ein bestimmtes Produkt einzugehen, dann kann es schon nach kurzer Zeit zu grundlegenden Mißverständnissen kommen. Diese Tatsache läßt sich auf mehrere Gründe zurückführen. Erstens ist die Funktionsvielfalt von Applikationen und Konzepten einerseits zwar äußerst groß, andererseits jedoch existiert keine allgemeine „minimale Basis", also keine grundlegenden Funktionalitäten, welche gegeben sein müssen, um ein Produkt als Groupware bezeichnen zu dürfen. Zweitens haben sich im Laufe der Zeit eine ganze Reihe unterschiedlicher Begriffe gebildet, welche leider das Anwendungsspektrum häufig nur unscharf beschreiben und oft ohne erkennbaren Zusammenhang verwendet werden. Drittens ist der Groupwarebereich durch sehr starke Dynamik bezüglich Konzepten, Funktionalität und Applikationen gekennzeichnet, welche unter anderem durch die Veränderung informationstechnologischer Grundlagen[1] begründet werden kann und eine unverändert über einen längeren Zeitraum hinweg bestehende Aussage zu diesem Bereich nicht zuläßt.

Das folgende Unterkapitel versucht zunächst die Grundlagen von Groupware zu beschreiben. Dabei werden die zugrundeliegenden Einflußfaktoren aufgeführt sowie ein Überblick über die gängigen Begriffe und Definitionen auf diesem Gebiet gegeben. Im nächsten Unterkapitel werden mehrere Schemata zur Klassifizierung von Groupware, unter anderem die zeitlich-räumliche, die sachliche sowie die funktionale Klassifikation, vorgestellt. Das daraufffolgende Unterkapitel nimmt eine Einteilung von Groupware entsprechend der Funktionalität vor. Dabei werden, soweit möglich, für die einzelnen Klassen jeweils typische Vertreter und Beispiele vorgestellt. Im Anschluß daran werden die organisatorischen Voraussetzungen beschrieben, welche für den sinnvollen Einsatz von Groupware erforderlich sind. Dabei

---

[1] beispielsweise die immer leistungsfähigere Hardware, leichte und intuitiv zu bedienende Software auf Basis grafischer Benutzeroberflächen sowie der stark zunehmende Vernetzungsgrad und der Ausbau unternehmensweiter Netzwerkinfrastrukturen.

wird insbesondere auf gruppenorientierte Organisationsformen sowie Projektorganisation und Teams eingegangen. Die Wirtschaftlichkeitsbetrachtungen zeigen abschließend, nach der Darstellung der Probleme der Quantifizierung, welche Kostenkomponenten existieren und welcher Nutzen beim Einsatz von Groupware zu erwarten ist.

2.1 Grundlagen

Groupware ist kein fundamental neues Konzept. Die Urwurzeln eines Groupware-Ansatzes sind bereits 1960 zu entdecken. Trotzdem waren in den letzten drei Jahren, mit den inzwischen in größerer Anzahl erscheinenden Publikationen zu diesem Thema, verstärkte Bemühungen zu entdecken, griffige Bezeichnungen und treffende Definitionen auf diesem Gebiet zu prägen. Dabei wurden leider viele unterschiedliche Begriffe synonym verwendet und manche Bezeichnungen unterschiedlich definiert.

Die folgenden Abschnitte zeigen die Entwicklung von Groupware, beschreiben die zugrundeliegenden Einflußfaktoren und geben einen Überblick über die gängigen Begriffe und Definitionen auf diesem Gebiet.

2.1.1 Die Entwicklung von Groupware

Der Begriff „Groupware" wurde 1981 zum ersten Mal in einer Veröffentlichung von Peter und Trudy Johnson-Lenz[1] verwendet. Doch bereits 1960, 20 Jahre zuvor, arbeitete eine Gruppe von Wissenschaftlern unter der Leitung von Douglas Engelbart am Stanford Research Institute an der Erforschung der Beziehungen zwischen Mensch und Computer. Als Ergebnis dieser Arbeit enstand das System „Augment" [19]. Dieses System vereinigte die elementare Funktionalität von Computer-Konferenzsystemen und Hypertext-Systemen [9] und ermöglichte schon zu diesem frühen Zeitpunkt die Untersuchung von technischen und sozialen Problemen der computergestützten Gruppenkommunikation [20].

Ab 1970 wurde von der Defense Research Projects Administration (DARPA) mit dem Aufbau des Netzwerks „ARPANET" begonnen [69]. Dieses Netzwerk hatte zwei grundlegende Ziele: Die Technik der Paketvermittlung zu testen, sowie den Forschern eine Umgebung zur Verfügung zu stellen, die es ihnen ermöglichte, ihre Ideen und Computer-Ressourcen zu teilen. Nachdem das Netzwerk einige Jahre in Betrieb war wurden (basierend auf dem installierten E-Mail System) sog. news-groups eingerichtet. Diese „news-groups" erlaubten das Registrieren für ein bestimmtes Themengebiet. Nach erfolgreicher Registrierung erhielt der Benutzer alle Nachrichten, die dieses Themengebiet in der Titelzeile enthielten automatisch zugesandt. Heute sind die auf dieser Technik basierenden „Bulletin Board

---

[1] rezitiert: Opper [69].

Systems" mit einigen tausend news-groups und über 10000 Systemen im Usenet weltweit verfügbar.

Die ersten Ansätze von Groupware in der heutigen Form waren 1975 feststellbar. Der Programmierer Ray Ozzie arbeitete an der Universität Illinois an einem Programm, mit dem Online-Konferenzen auf einem Großrechner durchgeführt werden konnten [7]. Das Programm wurde später so erweitert, daß auch nachträglich hinzugekommene Benutzer sich einen Überblick über die Entwicklung der Diskussion verschaffen konnten. Das Produkt wurde „Plato Notes" benannt, da die zugrundeliegende Hardware ein Plato-Mainframe der Firma Data General war.

Ab 1984 begann Ray Ozzie mit seiner Firma Iris seine Groupwareerfahrungen auf einer Personalcomputerumgebung zu realisieren. Die Firma Lotus Development finanzierte das Unternehmen und erhielt als Gegenleistung das Recht zur Vermarktung. Die erste Programmversion erschien 1990 unter dem Namen „Lotus Notes" [7]. Das Programmpaket gilt in seiner heute vorliegenden Form als ein de facto Standard im Workflow- und Groupware-Bereich. Es bemühen sich nun zahlreiche Unternehmen, mit eigenen Produkten in dieses von Lotus Development eröffnete Marktsegment vorzudringen.

Wie in den folgenden Unterkapiteln noch beschrieben wird, umfaßt Groupware heute nicht mehr nur die elementaren Funktionen der Kommunikation mittels E-Mail oder den gemeinsamen Zugriff auf eine Datei über logische Laufwerke auf Netzwerken, sondern eine umfangreiche Funktionalität, die von der gemeinsamen Dokumentenbearbeitung über die Ressourcenplanung und -kontrolle bis zur Sitzungsunterstützung und Entscheidungsfindung reicht.

2.1.2 Einflußfaktoren

Die Entwicklung von Groupware unterlag und unterliegt zahlreichen Einflüssen. Diese Einflüsse sind entscheidend für die Entstehung eines Konzeptes, für seine Modifikationen und ggf. auch für das Ende und den Verwurf.

Die in der z. Zt. zu diesem Thema verfügbaren Literatur genannten Einflußfaktoren werden zwar jeweils unterschiedlich benannt, lassen sich aber, wie aus Abbildung 2.1 ersichtlich, in die folgenden vier Kategorien einteilen: Entwicklung der Informationstechnologie, Änderung der Organisationsformen, Benutzerakzeptanz neuer Kommunikationstechniken, sowie die ständig wachsende Anzahl verfügbarer Informationen.

Die *Entwicklung der Informationstechnologie* war eine zwingende Voraussetzung für die technische Realisierungsmöglichkeit eines Groupware-Konzepts. Der Abbau von „Informationsinseln" in den letzten Jahren durch die zunehmende Vernetzung von bisher alleinstehenden Personal Computern zu einem unternehmensweiten Local Area Network (LAN) war dabei von großem Nutzen. Unternehmensübergreifend wurden die Verbindungen von Wide Area Networks (WAN) verbessert, und die Anzahl der Anschlüsse stieg unaufhaltsam [108].

Die immer leistungsfähigere Hardware erlaubte nun auch komplexe Operationen lokal beim Benutzer durchzuführen und ermöglichte das Ausführen rechen- und grafikintensiver Programme. Die Fortschritte bei der Softwareentwicklung in den letzten Jahren hatten zur Folge, daß Programme entstehen, die benutzerfreundlich und intuitiv zu bedienen sind, und doch auch dem versierten Anwender eine Vielzahl von Funktionen zur Verfügung stellen, die nahezu alle Anforderungen abdecken.

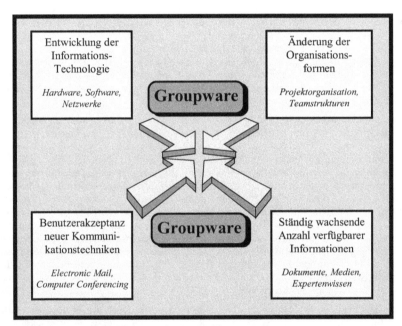

Abbildung 2.1: Einflußfaktoren der Entwicklung von Groupware

Durch die *Änderung der Organisationsformen* in Team- oder Projektorganisationen mit dem Ziel der produktiven Zusammenarbeit von Individuen an einer gemeinsamen Aufgabe wird, wie später noch gezeigt wird, eine wichtige Grundlage für den erfolgreichen Einsatz von Groupware geschaffen. Die Bereitschaft zur teaminternen und teamübergreifenden Zusammenarbeit ohne „information hiding" und der Verzicht auf Fachwissen als persönliches Gut machen Teams erfolgreich [69]. Die daraus resultierende Notwendigkeit, sich innerhalb des Teams zu organisieren und Informations- und Kommunikationskanäle zu schaffen, wurde so zu einem wichtigen Einflußfaktor für die Entwicklung von Groupware.

Ohne die *Benutzerakzeptanz neuer Kommunikationstechniken* wäre die Entwicklung von Groupware in der heutigen Form kaum denkbar. Am Beispiel des Fernkopierdienstes Telefax wird deutlich, wie schnell sich eine Technik durchsetzt, wenn sie vom Benutzer akzeptiert wird. Die 1985 vorhandenen 25.000 Anschlüsse stiegen in den letzten Jahren exponentiell an. Die Zahl der installierten Geräte wird heute im Bereich von mehreren Millionen geschätzt.[1] Um einen solchen Erfolg erreichen zu können, muß eine neue Technik nicht nur Verbesserungen mit sich bringen, sondern vor allem auch einfach zu bedienen und im Bearbeitungsablauf mit wenig zusätzlichem Aufwand einsetzbar sein, ohne vom eigentlichen Tagesgeschäft abzulenken [84]. Im Softwarebereich wird dies mit graphischen Benutzeroberflächen und einfacher Benutzerführung mit mehreren kontextsensitiven „Hilfestufen" versucht zu erreichen. Eine Umfrage zur Ermittlung typischer Büroanwendungen ergab u.a., daß 56,8 % der befragten Unternehmen bereits E-Mail einsetzen und 15,9 % die Einführung in absehbarer Zeit planen [98]. Die hohe Akzeptanz dieses neuen Kommunikationsmediums und die Tatsache, daß kaum ein Benutzer mehr auf E-Mail verzichten möchte, sind von hoher Bedeutung für die Entwicklung von Groupware.

Die *ständig wachsende Anzahl verfügbarer Informationen* macht es heute unmöglich, ein bestimmtes, nicht trivial klein gewähltes, Themengebiet ohne Computerunterstützung effizient zu bearbeiten. Arbeiten mehrere Personen an der selben Aufgabe, so wird der Koordinationsaufwand um ein Vielfaches vergrößert. Ein Sachbearbeiter „... benötigt ... etwa 50 bis 80 % seiner gesamten Arbeitszeit dafür, um Informationen zu finden" [89]. Durch diesen drastischen prozentualen Anteil wird deutlich, daß sich das Informationsproblem in der heutigen Zeit verlagert hat. Früher waren weit weniger Informationen zu bestimmten Themengebieten verfügbar. Das Wissen über Sachverhalte mußte selbst (z.B. empirisch) angeeignet werden. Heute ist es nahezu unmöglich, Themengebiete zu finden, zu denen nicht bereits fundierte Informationen, in welcher Form auch immer, vorliegen. Das Problem ist nun die Informationsbeschaffung. Bei dieser Aufgabenstellung können Groupwareprodukte helfen, Informationsdefizite abzubauen und einen weltweiten Zugriff auf Informationsquellen sicherzustellen. Die ständig wachsende Anzahl verfügbarer Informationen ist somit ein bedeutender Einflußfaktor der Entwicklung von Groupware.

Zusätzlich zu den hier genannten Einflußfaktoren werden auch der Wandel der Märkte und die Entwicklungen in den Wissenschaften für die Entstehung von Groupware herangezogen [13]. Im Bereich der sich verändernden Märkte sind die kürzeren Produktlebenszyklen, die Deregulierungen (z.B. auf dem Gebiet der Telekommunikation oder der Finanzdienstleistung) und der zunehmende Wettbewerbsdruck Ursache für „Geschwindigkeit" als entscheidenden Wettbewerbsvorteil. Dezentralisierung durch kleine, lokal agierende Einheiten zur Erreichung von Marktnähe verschärft den Bedarf an wirkungsvollen Konzepten zur Zusammenarbeit. Im Bereich der sich entwickelnden Wissenschaften ist die große Anzahl von Disziplinen, welche sich mit Fragen der Organisation, Gruppenpsychologie, Systemtheorie, Gruppensoziologie oder mit Entscheidungsprozessen beschäftigt, ein treibender Faktor für die

---

[1] eine genaue Teilnehmerzahl kann nicht angegeben werden, da sowohl in privaten Nebenstellenanlagen als auch als Zusatzgerät zu einem Telefon unbekannt viele Geräte am Dienst teilhaben.

Entwicklung von Kommunikationskonzepten für die Gruppe. Die Wirtschaftsinformatik gilt dabei als die primäre Zuordnungsdisziplin für das Forschungsgebiet Groupware.

2.1.3 Definitionen

Obwohl der Begriff Groupware, wie schon zu Beginn erwähnt, bereits 1981 in einer Veröffentlichung verwendet wurde, erschien der Großteil der Literatur zu diesem Thema erst in den vergangenen drei Jahren. Da die Bemühungen, gemeinsame Begriffe und Definitionen zu prägen, von mehreren Personen und Organisationen gleichzeitig aufgenommen wurden und nicht von einer zentralen Wurzel ausgingen, besteht heute eine Vielzahl von Ausdrücken, Bezeichnungen und Beschreibungen, die teilweise synonym, teilweise aber auch mit mehr oder weniger unterschiedlichem Inhalt verwendet werden. Abbildung 2.2 zeigt eine Zusammenstellung der gängigen Begriffe für Groupware [41].

Von den Alternativbegriffen konnten sich vor allem „Computer-supported cooperative work (CSCW)" und „Workgroup computing" durchsetzen. CSCW wird dabei hauptsächlich im angelsächsischen Sprachraum und im Hochschulbereich verwendet, während die Bezeichnung Workgroup computing auch im deutschsprachigen Raum und im kommerziellen Bereich Anwendung findet[1]. CSCW kann als „neue Wissenschaftsdisziplin [gesehen werden], die die Entwicklung neuer Groupware-Tools initiiert und theoretisch untermauert und deren Auswirkungen auf Teamprozesse untersucht" [13], und bildet somit den wissenschaftlichen Rahmen, während die Begriffe Workgroup computing und Groupware eher im technologischen Sinne verwendet werden.

Groupware konnte sich u.a. deshalb als Bezeichnung durchsetzen, weil es sich dabei um einen sehr griffigen und kompakten Begriff handelt, der die Assoziation mit „Software" und „Groups" nahelegt. Zugleich bringt der Begriff Groupware aber auch (im Vergleich zu den anderen Begriffen in Abbildung 2.2) wenig Einschränkungen mit sich, da er wenig beschreibend und relativ unbestimmter Natur ist. Andere Begriffe besitzen eine sehr spezielle Bedeutung (z.B. „Computer aided teams") und werden an anderer Stelle in diesem Kapitel vorgestellt.

---

[1] vgl. dazu [13], [62], [69], [71] und [108].

- Computer-supported cooperative work (CSCW)
- Workgroup computing
- Verhandlungsinformationssystem
- Group communication support systems (GCSS)
- Collaborative computing
- Interpersonal computing
- Workflow automation
- Decision conferencing
- Computer-assisted communication (CAC)
- Computer aided teams (CATeams)
- Computer supported groups
- Group decision support systems (GDSS)
- Shared systems
- Group support systems (GSS)
- Cooperative computing
- Computer conferencing

Abbildung 2.2: Alternative Begriffe für Groupware

Wie bei den Begriffen ist auch bei den vielen Definitionen erkennbar, daß mehrere Autoren sich gleichzeitig um eine Beschreibung von Groupware bemühten. Bei den englischsprachigen Definitionen (s. Abbildung 2.3) wird der Begriff Groupware stets in Verbindung mit Computern bzw. bei Susanna Opper [69] in Verbindung mit „elektronisch" gebraucht. Diese Definitionen schließen somit die konventionellen Hilfsmittel zur Zusammenarbeit im Team aus. Pinwände, Wandtafeln, Flipcharts und Papierblätter als Hilfsmittel für Brainstorming- und Kommunikationstechniken enthalten keine elektronischen Komponenten und sind somit keine Groupware im Sinne dieser Definition.

Alle englischen Definitionen enthalten die Unterstützung von Gruppen. Ein Programm, welches nur zur Informationsbeschaffung eines Individuums ausgerichtet ist, erfüllt somit ebensowenig die Definitionen wie ein Ordner, in dem nur eigene Informationen aufbewahrt werden, die keiner anderen Person zugänglich sind. Welche Art von Anwendungen konkret der Definition gerecht werden, wird nicht erwähnt.

Autor	Definition
Ellis, C. A. Gibbs, S. J. Rein, G. L.	„[...] we define groupware as: computer-based systems that support groups of people engaged in a common task (or goal) and that provide an interface to a shared environment" [17].
Opper, Susanna	„Groupware is any information system designed to enable groups to work together electronically" [69].
Wilson, Paul	Groupware is „[...] a generic term for specialised computer aids that are designed for the use of colloborative work groups [...]" [108].

Abbildung 2.3: Englischsprachige Definitionen von Groupware

Die deutschen Definitionen lassen ebenfalls viel Spielraum für eigene Interpretationen. Ludwig Nastansky vergleicht die Griffigkeit von Groupware-Definitionen mit derer der PC-gestützten Tabellenkalkulation im Jahre 1982: Es bestehen seiner Ansicht nach kaum Vorstellungen über Einsatzmöglichkeiten. Er sagt jedoch dem Groupwarekonzept einen großen Erfolg voraus und behauptet, daß es lange Zeit braucht, bis die strategische Relevanz erkannt wird und das Konzept eine allgegenwärtige Verbreitung im Unternehmen sowie im privaten Bereich erlangt [62]. Mit Ausnahme von Nastansky bezieht jedoch niemand (vgl. Abbildung 2.4) den Arbeitsfluß und das Vorgangsmanagement mit in die Definition von Groupware ein, die damit bereits um wesentliche Elemente reduziert dem Bereich „Workflow" zugeordnet werden würde.

Es ist auffallend, daß nahezu alle aufgeführten deutschsprachigen Definitionen die Begriffe „Software" und „Kommunikation" enthalten, während diese in den englischen Definitionen nicht verwendet werden. Dort steht vielmehr die Zusammenarbeit im Vordergrund.

Von Otto Petrovic wird der Groupwarebegriff wie folgt definiert: „Groupware ist eine gemeinschaftlich nutzbare computerbasierte Umgebung, die Workgroup Computing ermöglicht" [71]. Zuvor wurde von ihm Workgroup Computing definiert als „[...] die Anwendung einer gemeinschaftlich nutzbaren computerbasierten Umgebung, die Teams bei der Erfüllung einer gemeinsamen Aufgabe unterstützt. Hierbei werden vorrangig die Koordination, das Treffen von Gruppenentscheidungen, die Kommunikation sowie das gemeinsame Bearbeiten eines Objektes unterstützt" [71]. Derartige, redundante Definitionen sind nicht zweckmäßig und erschweren eine klare Vorstellung vom Begriff „Groupware".

Zusammenfassend kann festgestellt werden, daß die Definitionen von Groupware die *Unterstützung der Zusammenarbeit einer Gruppe durch ein Computersystem* als sinngemäß kleinsten gemeinsamen Nenner haben. Die tatsächlichen Ausprägungen der unterschiedlichen Arten von Groupwareapplikationen werden später im Rahmen der Funktionalität gezeigt.

Autor	*Definition*
Hasenkamp, Ulrich Syring, Michael	„Im kommerziellen Bereich ist für die Kennzeichnung von Softwaresystemen zur Unterstützung kooperativen Arbeitens auch der Begriff 'Groupware' gebräuchlich" [31].
Herrmann, Thomas	„Unter 'Groupware' werden [...] Software-Systeme verstanden, die die Kooperation, Kommunikation und Koordination bei der arbeitsteiligen Bearbeitung von Aufgaben unterstützen" [35].
Nastansky, Ludwig	„Groupware stellt computergestützte Konzepte für die Teamarbeit bereit. Insbesondere müssen dabei, natürlich, der Arbeitsfluß und das Vorgangsmanagement in den vielfältigen Kommunikations- und Abarbeitungsinteraktionen zwischen den Mitarbeiterinnen und Mitarbeitern im Office-Bereich bzw. in Projektteams unterstützt werden" [62].
Oberquelle, Horst	„Unter 'Groupware' verstehe ich [...] Mehrbenutzer-Software, die zur Unterstützung von kooperativer Arbeit entworfen und genutzt wird und die es erlaubt, Informationen und (sonstige) Materialien auf elektronischem Wege zwischen den Mitgliedern einer Gruppe koordiniert auszutauschen oder gemeinsame Materialien in gemeinsamen Speichern koordiniert zu bearbeiten" [68].

Abbildung 2.4: Deutschsprachige Definitionen von Groupware

Alle Definitionen, ob aus dem englischen oder deutschen Sprachraum, versuchen mit ausgefeilten Begriffen und Satzkonstruktionen das Groupwarekonzept möglichst treffend zu beschreiben. Oft ist es einfacher, ein neues Konzept exemplarisch oder durch seine Funktionalität vorzustellen. Geoffrey Bock hält es für viel wichtiger, die zugrundeliegenden Technologien, die persönlichen Auswirkungen und die Wirtschaftlichkeit zu betrachten, als sich zu sehr auf die formalen Definitionen zu konzentrieren. Technologie und Wirkung sind entscheidend für den Erfolg oder Mißerfolg eines Konzeptes [6]. In den folgenden Unterkapiteln werde ich daher verstärkt auf Klassifikation, Funktionalität, organisatorische Voraussetzungen und Wirtschaftlichkeit eingehen.

2.2 Klassifikation

Um Vergleiche durchzuführen, Abstraktionen vorzunehmen und Aussagen über eine Gruppe von in bezug auf eine bestimmte Eigenschaft gleichartigen Applikationen oder Konzepten treffen zu können, ist es erforderlich, diese Konzepte oder Applikationen nach gewissen Ordnungskriterien zu sortieren und in ein Schema einzuordnen. Eine solche Zusammenfassung bzw. Trennung in bezug auf eine bestimmte Eigenschaft wird auch als Klassifizierung oder Klassifikation bezeichnet.

Zur Darstellung von Groupware habe ich im folgenden drei wesentliche Arten der Klassifizierung unterschieden: die Klassifikation „Zeit / Raum", die sachliche sowie die funktionale Klassifikation.

2.2.1 Zeitliche und räumliche Klassifikation

Als die grundlegendste Art Groupware zu klassifizieren, wird von den meisten deutschen Autoren[1] die zeitliche und räumliche Klassifikation verwendet. Man unterscheidet demnach bei der Zeit in synchron und asynchron und beim Raum in zentral und dezentral. Wie Abbildung 2.5 zeigt, findet bei zentraler synchroner Anwendung die Arbeit zur gleichen Zeit am gleichen Ort statt. Bei zentraler asynchroner Anwendung wird zwar am gleichen Ort, aber zu unterschiedlicher Zeit gearbeitet. Dezentrale synchrone Anwendung bedingt die gleichzeitige Arbeit an unterschiedlichen Orten und die dezentrale asynchrone Arbeit wird zu unterschiedlichen Zeiten an unterschiedlichen Orten ausgeführt.

Die *zentrale synchrone* Arbeitsweise findet z.B. dann statt, wenn sich verschiedene Mitarbeiter einer Projektgruppe persönlich (d.h. körperlich) treffen, um eine Besprechung abzuhalten. Hier kann durch Groupware eine Steigerung der Effizienz von Besprechungen erreicht werden, indem Hilfsmittel zur Strukturierung von Fragen, zur Verwaltung der Tagesordnungspunkte sowie zur Entscheidungsfindung geboten werden. Im Unterkapitel 2.3 wird die Funktionalität dieser Kategorie von Groupwareapplikationen vorgestellt. Auch nach Beendigung der Besprechung hilft der Einsatz von Groupware, um Medienbrüche zu vermeiden. So ist es z.B. nicht erforderlich, ein manuell erstelltes Protokoll zu übertragen, um es als Datei zur Verfügung zu stellen, als Electronic Mail zu verschicken oder einfach nur auszudrucken.

---

[1] vgl. [13], [31], [62] und [71].

Bei der *zentral asynchronen* Arbeitsweise arbeiten die Gruppenmitglieder zwar am selben Ort, können aber nicht zwangsläufig von der Präsenz der anderen Mitarbeiter ausgehen. Voraussetzung für diese Art der zeitlich und räumlich spezifizierten Arbeit ist das Vorhandensein der zur Bewältigung der Arbeit notwendigen Informationen. Hier kann Groupware beispielsweise in Form von Applikationen zum Dokumentenmanagement zum Einsatz kommen.

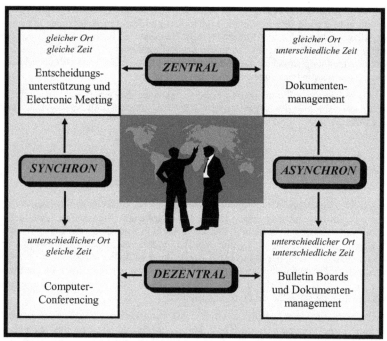

Abbildung 2.5: Zeitliche und räumliche Klassifikation

Dezentral synchron klassifizierte Arbeit liegt z.B. dann vor, wenn die Mitarbeiter einer Gruppe an verschiedenen Standorten arbeiten und sich aus Kosten- oder Zeitgründen nicht persönlich treffen können oder wollen [13]. Hier können auch schon die klassischen Kommunikationsmöglichkeiten (z.B. Telefonkonferenz) als Lösung ausreichen. Eine Groupwarelösung bietet aber die bei weitem umfangreichere Möglichkeiten des Computer Conferencing: vom Arbeitsplatz aus sind elektronisches Brainstorming, elektronische „schwarzes Brett"-Funktionen und das Einbringen multimedialer Objekte (z.B. Grafiken, Sounds, Videos, Textdokumente) in die Konferenz möglich. Wie im Unterkapitel 2.3 bei der Funktionalität noch beschrieben wird, liegt der Hauptvorteil dabei in der lückenlosen Weiterverarbeitung dieser Objekte ohne Medienbrüche. So kann eine während einer Konferenz übertragene Grafik in ein Dokument eines Teilnehmers integriert oder eine übertragene Tonsequenz als neue Ansprache im digitalen Anrufbeantworter verwendet werden [71].

Eine *dezentral asynchrone* Arbeitsform besteht z.B. dann, wenn wie bei der dezentral synchronen Form der Arbeit die Gruppenmitglieder an verschiedenen Standorten beschäftigt sind und zusätzlich nicht die gleichen Arbeitszeiten bestehen. Gründe für diesen Fall können Teilzeitarbeit oder Zeitverschiebungen durch länder- bzw. kontinentübergreifende Zusammenarbeit sein. Eine Arbeit in dieser Klassifikationskategorie erfordert eine fortwährende Koordination der Aufgaben sowie einen permanenten Informationsaustausch. Das Hauptanwendungsgebiet von Groupware liegt hier im Bereich der Bulletin Boards und des Dokumentenmanagements. Die Arbeit an unterschiedlichen Orten zu unterschiedlichen Zeiten stellt die höchsten Anforderungen an die zugrundeliegenden Informationssysteme. Wenn es gelingt, die Kommunikations- und Informationsprobleme der räumlich und zeitlich verteilten Zusammenarbeit zu lösen, dann können sich weltweit verstreute, eng zusammenarbeitende virtuelle Teams bilden, die sich nach ihren Fähigkeiten zusammenfinden, an einer Aufgabe arbeiten und sich anschließend wieder trennen. Die Vision „any time - any place" kann so zur Realität werden [13].

Während meines Praxissemesters bei der Firma Hewlett-Packard hatte ich Gelegenheit, diese Form der Zusammenarbeit persönlich kennenzulernen. Bereits heute arbeiten dort im Rahmen von Softwareprojekten internationale Teams für begrenzte Zeit eng zusammen. Die Kommunikation und der einfache Austausch von Informationen sind hier für den Erfolg des Projekts von entscheidender Bedeutung.

Die Klassifizierung von Groupware in ein Koordinatensystem aus Raum und Zeit ist nicht die einzige Möglichkeit, um Kategorien zu bilden. Weitere sinnvolle Ansätze zur Klassifizierung sind die sachliche sowie die funktionale Klassifikation.

2.2.2 Sachliche Klassifikation

Bei der sachlichen Klassifikation werden Groupwareprodukte in die vier Kategorien Administration, Informationsmanagement, Kommunikationsmanagement und Echtzeittreffen (real-time meeting) eingeteilt [69]. Abbildung 2.6 zeigt einen Überblick über die sachlichen Klassifikationskategorien.

In die Kategorie *Administration* fallen Produkte, die eine strukturierte oder teilstrukturierte Electronic Mail Funktionalität besitzen und die Verwaltung von Gruppenkalendern, Besprechungen, Adressdaten oder gemeinsamen Dokumenten zur Aufgabe haben. Der Grundgedanke dieser Kategorie ist die Automatisierung von bisher manuellen operative Aufgaben des Tagesgeschäfts. Ein Beispiel für eine solche Anwendung wäre ein elektronischer Telefonzettel, der es in einfacher Form gestattet, ein Formular über einen Telefonanruf für einen nicht anwesenden Kollegen im elektronischen Briefkasten dieses Kollegen zu deponieren. Ein weiteres typisches Beispiel für diese Kategorie ist die Weiterleitung von Nachrichten.

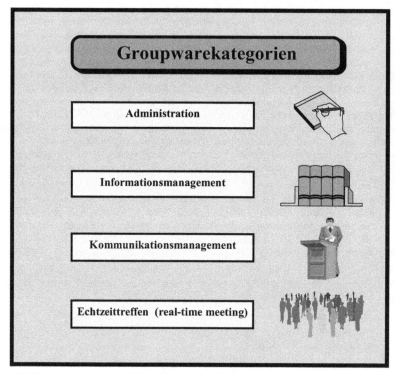

Abbildung 2.6: Sachliche Klassifikation von Groupware

Produkte der Kategorie *Informationsmanagement* erlauben einer Gruppe, ihre aufgabenspezifischen Informationen strukturiert zu verwalten und einander zugänglich zu machen. Ein Beispiel für diese Kategorie sind Dokumenteneditierprogramme, die es mehreren Personen ermöglichen, am selben Dokument zu arbeiten und Kommentare sowie Erweiterungen hinzuzufügen. Viele Firmendokumente müssen von mehreren Personen aus unterschiedlichen Abteilungen bearbeitet werden und können somit wesentlich effizienter weitergeleitet und bearbeitet werden. Filtersysteme fallen ebenfalls in diese Kategorie. Unter Filtersystemen versteht man Programme, die auf Electronic Mail Systemen basieren und die eintreffenden Nachrichten nach einem vom Benutzer vorgegebenen Ordnungskriterium sortieren. So können die Nachrichten automatisch (z.b. aufgrund der Absenderangabe, des Betreffs oder bestimmter Stichwörter im Inhalt) in einen entsprechenden Ordner abgelegt oder der weiteren Verarbeitung (z.B. Weiterleitung an einen anderen Benutzer oder durch eine Verteilerliste an eine ganze Benutzergruppe) zugeführt werden. Ein weiteres Beispiel dieser Groupwarekategorie sind Projektmanagementapplikationen [71]. Die Funktionalität dieser Applikationen werden im Unterkapitel 2.3 beschrieben.

Die zum *Kommunikationsmanagement* klassifizierten Produkte unterstützen Teams durch die Möglichkeit, „virtuelle Meetings" abzuhalten [69]. Unter diesem Begriff werden Treffen verstanden, die sich nicht in der Realität an einem bestimmten physischen Ort abspielen, sondern unter Zuhilfenahme von Informationssystemen durchgeführt werden. Typische Vertreter dieser Kategorie sind Computer Conferencing Produkte. Die Bandbreite reicht hier von einfachen textbasierten Applikationen, die einen unstrukturierten Nachrichtenaustausch zwischen zwei oder mehreren Gruppenmitgliedern zulassen[1], bis hin zu aufwendigen, durch graphische Benutzeroberflächen realisierten Anwendungen, welche den simultanen Austausch multimedialer Informationen (z.B. Sprache, Videos, Grafiken, Text) erlauben. Diese Computer Conferencing Produkte dürfen nicht mit Electronic Meeting Produkten verwechselt werden. Computer Conferencing Produkte werden üblicherweise nicht in einem gemeinsamen Raum verwendet, während Electronic Meeting Produkte gerade dazu konzipiert sind und eine Besprechung am selben Ort sogar zwingend voraussetzen.

Electronic Meeting Produkte werden der Kategorie *Echtzeittreffen (real-time meeting)* zugeordnet [108]. Die Vorstellungen, was von diesem Begriff genau umfaßt wird, weichen jedoch stark voneinander ab[2]. Einheitlich werden der unterstützenden Software jedoch die Funktionen der Themen- und Ideengliederung, Verwaltung der Tagesordnungspunkte, Gruppenbrainstorming und anonymes „Voting" (Abstimmungen) zugeordnet. Zusätzlich können „[...] Werkzeuge für bestimmte Sitzungsphasen und -inhalte, für die Vor- und Nachbereitung, für das Sitzungsmanagement, für die Gruppeninteraktion sowie Bausteine, die als Gruppengedächtnis dienen können, individuelle Werkzeuge und Bausteine für die Sammlung von Forschungsdaten [...]" [51] enthalten sein.

---

[1] solche Applikationen sind typischerweise als Hilfsprogramm in allen gängigen Multiuser-Betriebssystemen, oft unter der Bezeichnung „talk"- oder „chat"-Programm vorhanden (z.B. „write" in UNIX oder „phone" in VMS).
[2] [13], [69] und [71] beziehen auch konventionelle Hilfsmittel (Flipchart, Tafel, Overhead-Projektor) in die Begriffsdefinition mit ein, während [108] nur die unterstützende Software dem Electronic Meeting zuordnet. Abweichend von den anderen Meinungen wird in [6] nicht einmal der selbe Raum als Grundlage vorausgesetzt, was die Trennung von Electronic Meeting und Computer Conferencing erschwert.

2.2.3 Funktionale Klassifikation

Als weitere, und in diesem Unterkapitel dritte und letzte Möglichkeit Groupware in einem Schema sinnvoll zu kategorisieren, bietet sich die funktionale Klassifikation an. Im Vergleich zur sachlichen Klassifikation geht die funktionale Klassifikation wesentlich genauer auf die Funktionalität des Groupwareprodukts ein und unterteilt nicht nur nach dem Kriterium „Welche Aktivitäten des gemeinsamen Arbeitens im Team werden unterstützt?" sondern zusätzlich nach der Frage „Welche Funktionen werden dafür zur Verfügung gestellt?".

Diese Art der Klassifizierung benötigt im Vergleich zu den vorhergehenden Einteilungen wesentlich enger gefaßte Beschreibungen. Somit bilden sich zwangsläufig für jede Kategorie eine geringere Anzahl von Vertretern, insgesamt jedoch eine größere Anzahl von Kategorien. Dabei ist es durchaus möglich, Vertreter der jeweiligen Kategorie in ein Schema gemäß der zeitlichen und räumlichen oder der sachlichen Klassifikation einzuordnen.

Da die Darstellung der Funktionalität von Groupwareprodukten und die damit verbundene Einteilung in Kategorien einen gewissen Umfang benötigt und gleichzeitig einen wichtigen Stellenwert zur Beurteilung des Einflusses der Funktionalitätsanforderungen auf die CCITT-Normen X.400 und X.500 besitzt, behandle ich dieses Thema in einem eigenen Unterkapitel. Das folgende Unterkapitel 2.3 mit dem Titel Funktionalität nimmt diese Aufgabe wahr.

2.3 Funktionalität

Als unmittelbar einsichtiges Beurteilungskriterium für das Leistungsspektrum einer Applikation wird oft deren Funktionalität herangezogen. Auch bei Groupware kann eine solche Funktionalitätseinteilung, wenn auch unter erschwerten Bedingungen, vorgenommen werden. Häufig werden einerseits verschiedene Begriffe verwendet, um die selbe Funktionalität zu bezeichnen (z.B. „Co-Autorensysteme" und „gemeinsames Editieren"), andererseits aber auch unter der selben Bezeichnung verschiedene Funktionalitäten verstanden (z.B. „Computer Conferencing").

Ich habe im folgenden versucht, eine Funktionseinteilung vorzunehmen welche, in elf elementare Bereiche zusammengefaßt, das gesamte Funktionalitätsspektrum von Groupware wiedergibt. Einzelne Überschneidungen lassen sich dabei leider nicht völlig vermeiden. Die folgenden Abschnitte stellen die Funktionalität von Electronic Mail, Filtersystemen, Bulletin Boards, Dokumentenmanagement, Co-Autorensystemen, Computer Conferencing, Electronic Meeting, Ressourcenmanagement, Projektmanagement, intelligenten Agenten sowie Workflow-Management vor.

2.3.1   Electronic Mail

Electronic Mail (E-Mail) stellt die Grundlage für viele Groupware-Anwendungen dar. Obwohl der elektronische Nachrichtenaustausch isoliert gesehen nicht mehr als typischer Vertreter des Begriffs „Groupware" genannt wird, beinhalten fast alle verfügbaren Produkte heute die Möglichkeit zur elektronischen Kommunikation[1]. Electronic Mail, bereits seit über 20 Jahren kommerziell verfügbar, wurde früher als Zusatzprogramm und Bestandteil von Multiuser-Betriebssystemen mit ausgeliefert und erlaubte den einzelnen Benutzern dieser Anlage untereinander zu kommunizieren. Heute ist durch die weltweit eingesetzte Internet-Adressierung (nach RFC-822) und die Norm X.400[2] plattformübergreifende, weltweite Kommunikation zur Selbstverständlichkeit geworden.

Die primäre Aufgabe von „interpersonal" Electronic Mail, der Form verbindungsloser Kommunikation zwischen zwei Personen, ist die Übermittlung einer Nachricht von Person A zu Person B. Dabei wird typischerweise mit einem Texteditor ein Nachrichtentext verfaßt und nach Angabe der Empfängeradresse, entweder in einem plattformspezifischen oder internationalen Adressierungsformat, in die Mailbox des Empfängers weitergeleitet. Der Empfänger wird, wenn er auf dem Zielrechner angemeldet ist, häufig direkt über das Eintreffen der neuen Nachricht in seiner Mailbox informiert oder beim nächsten „Login" darauf hingewiesen, daß sich in seiner Mailbox noch ungelesene Nachrichten befinden. Der Benutzer kann diese Nachricht dann lesen oder eine Reihe weiterer Standardoperationen zur Weiterverarbeitung durchführen. Dazu zählen beispielsweise das Drucken, Weiterleiten (forward), Beantworten (reply) und Löschen (delete) der Nachricht, sowie häufig auch das Archivieren in einer geordneten Verzeichnisstruktur.

Die meisten E-Mail Systeme weisen eine Reihe von Standardfunktionen auf. Dazu zählen die unterschiedlichen Versandarten, analog zu denen der herkömmlichen Briefpost, die eine bevorzugte Weiterleitung entsprechend der gewählten Priorität ermöglichen und es z.B. User Agents gestatten, den Benutzer auf eine Nachricht mit der Priorität „Eilt" durch den Einsatz optischer oder akustischer Signale gesondert hinzuweisen. Weiterhin zählen beispielsweise das Verwalten von Empfängeradressen in einem elektronischen Adreßbuch, das Erstellen von Verteilerlisten und der Versand einer Nachricht als „Einschreiben" dazu. Im Adreßbuch können für die häufig recht langen Empfängeradressen Aliasnamen vergeben werden, die vom User Agent durch die richtigen Empfängeradressen ersetzt werden. In Verteilerlisten können mehrere Empfängeradressen verwaltet werden, die eine bestimmte Nachricht gemeinsam erhalten sollen und bei der Versandform „Einschreiben" wird der Absender darüber informiert, daß der Empfänger die Nachricht erhalten hat[3].

---

[1] vgl. dazu übereinstimmend [13], [26], [31], [41], [57], [69], [71] und [108].
[2] vgl. dazu Kapitel 4 (Message Handling Systeme).
[3] diese Empfangsbestätigung (oft auch als Receipt Notification bezeichnet) wird allerdings von unterschiedlichen Systemen verschieden gehandhabt. So kann diese Empfangsbestätigung z.B. bedeuten, daß die Nachricht auf dem Zielsystem eingegangen ist, daß sie in der Mailbox des Benutzers eingegangen ist, daß der Benutzer auf das Eintreffen der neuen Nachricht hingewiesen wurde, daß der Benutzer die Kurzinformation zur Nachricht

Der größte Anteil der per Electronic Mail übermittelten Informationen besteht aus Text. In neueren Systemen besteht auch die Möglichkeit Grafiken, digitalisierte Sprache oder digitalisierte Videosequenzen zu übertragen [73]. Selbstverständlich muß dann auf der Empfängerseite die Interpretation und Wiedergabe solcher Daten vom eingesetzten E-Mail System unterstützt werden.

E-Mail kann an unterschiedlichen Orten zu unterschiedlichen Zeiten eingesetzt werden. Bei der Klassifizierung werden Electronic Mail Systeme daher zur Kategorie der dezentral asynchronen Groupware-Varianten gezählt[1].

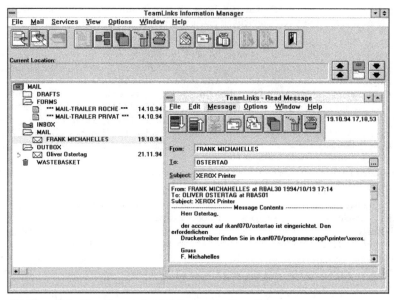

Abbildung 2.7: Das Electronic Mail Programm Teamlinks

Moderne intuitiv zu bedienende grafische User Agents ersetzen die heute zum Standard eines jeden Multiuser-Betriebssystems gehörenden textbasierten E-Mail Programme [36].

(Absender und Betreff) aufgelistet hat, daß der Benutzer die Nachricht angezeigt hat oder sogar, daß der Benutzer den Empfang der Nachricht explizit bestätigt hat. Die Empfangsbestätigung kann aber nie eine Aussage darüber ermöglichen, ob der Benutzer tatsächlich den Inhalt der Nachricht zur Kenntnis genommen bzw. verstanden hat.
[1] vgl. dazu Abschnitt 2.2.1 (zeitliche und räumliche Klassifikation).

Abbildung 2.7 zeigt anhand des Electronic Mail Programmes „Teamlinks" der Firma DEC[1] ein Beispiel eines grafischen User Agent. Es zeichnet sich der Trend ab, auch in Single-User-Betriebssystemen verstärkt Netzwerkkomponenten zu integrieren und Tools für die Kommunikation und Zusammenarbeit in Gruppen hinzuzufügen[2]. Ein weiterer Trend bei E-Mail Systemen zielt auf die volle Integration der Übermittlungsfunktionen in die standardmäßig vom Benutzer eingesetzten Programme [71]. Dies bedeutet, daß das Versenden und Abrufen von Nachrichten und Dokumenten ohne Verlassen des gerade aktiven Programms möglich ist. Diese Anforderungen werden durch die zunehmende Verbreitung standardisierter Benutzeroberflächen bereits von einer beträchtlichen Anzahl der kommerziell verfügbaren E-Mail Systeme erfüllt.

Zu den größten Vorteilen von Electronic Mail zählt die Möglichkeit zur Asynchronisation der Kommunikation [73]. Durch die Eigenschaft, Nachrichten an Benutzer zu übermitteln, die zur gleichen Zeit nicht zwingend anwesend sein müssen, und die Tatsache, daß dies eine der schnellsten Formen der verbindungslosen Kommunikation darstellt, wird ein wirkungsvoller Kommunikationsmechanismus bereitgestellt. Ein weiterer Vorteil besteht in der verbesserten Versorgung mit Informationen, da bestehende Textdateien leicht angehängt oder weitergeleitet und einer Vielzahl von Personen (z.B. mit Verteilerlisten) verfügbar gemacht werden können. Einen interessanten Zusammenhang zwischen Wahrheit und Electronic Mail ergab folgende Erhebung: „Während bei einer mit traditionellem Fragebogen durchgeführten Umfrage unter Studenten nur 3% erklärten, regelmäßig Drogen zu konsumieren, kam man beim Einsatz von E-Mail auf eine Quote von 14%" [71]. Die Folgerung, daß E-Mail eine ehrlichere Form der Kommunikation darstelle, darf jedoch angezweifelt werden und kann nicht pauschal gelten.

Zu den Hauptkritikpunkten von Electronic Mail zählt die Anhäufung von uninteressanten Nachrichten (sog. „junk mails"), die durch die einfache Möglichkeit entsteht, Nachrichten über Verteilerlisten an eine große Zahl von Personen zu senden. Nimmt die Anzahl solcher Mitteilungen zu, so werden Nachrichten oft ungelesen gelöscht oder archiviert, und E-Mail wird in der Folge als lästiges Hindernis empfunden. Weitere Kritikpunkte sind die, vor allem in textbasierten Produkten oft anzutreffende, mangelnde Benutzerfreundlichkeit sowie ein verwirrendes unstrukturiertes Überangebot an Funktionalität, welches gerade für ungeübte DV-Anwender und Informatik-Laien eine nicht zu unterschätzende Hürde darstellt.

2.3.2 Filtersysteme

Oft finden die Mitarbeiter eines Projektteams bereits nach einem Tag Abwesenheit bei Rückkehr an den Arbeitsplatz in ihrer Mailbox eine Vielzahl von Mitteilungen vor. Das

---

[1] Digital Equipment Corporation.
[2] Beispiele dafür sind das für den Herbst 1995 angekündigte eigenständige Betriebssystem WINDOWS 95 von Microsoft, das Betriebssystem NOVELL-DOS vom Netzwerkhersteller Novell sowie das Betriebssystem OS/2 von IBM.

„klassische" Electronic Mail System listet diese Mitteilungen nach der Reihenfolge des Eingangs unter Angabe des Absenders und des Betreffs auf. Häufig stellt sich hier nun das Problem, welche Mitteilungen gelesen werden sollen und welche vernachlässigt werden können. Erschwerend kommt hinzu, daß viele Anwender keinen Gebrauch der Betreffszeile (subject) machen oder dort nur nichtssagende Informationen ablegen, welche eine Auswahl nach diesem Kriterium unmöglich machen. Die Vorgehensstrategie, zuerst alle mit hoher Priorität[1] versehenen Mitteilungen zu lesen, schlägt ebenfalls oft fehl, da Dringlichkeit ein sehr subjektiver Maßstab ist, welcher von unterschiedlichen Menschen individuell festgelegt wird und nicht zwangsläufig übereinstimmen muß. Manche Mitarbeiter erachten alle ihre Nachrichten als überaus wichtig und senden diese ausschließlich mit hoher Priorität.

Hier bieten Filtersysteme, aufbauend auf der Grundlage von Electronic Mail, nun eine wirkungsvolle Hilfe. Sie besitzen die Möglichkeit über ein Electronic Mail System eingehende Nachrichten zu klassifizieren, also in bestimmte Gruppen einzuteilen, und somit die im Moment weniger interessanten Mitteilungen einer bestimmten Gruppe zuzuordnen und damit auszufiltern. Die einfachste Möglichkeit stellt eine Filtrierung nach Absender dar. Diese ist dann sinnvoll einsetzbar, wenn stets vom selben Absender periodisch erscheinende Nachrichten verschickt werden. Beispiele dafür sind Monatsstatistiken, Umsatzberichte, LAN-Verkehrsaus-wertungen, CPU-Auslastungsreports, Controllinginformationen und Journale. Diese können dann anhand des Absenders identifiziert und der dafür vorgesehenen Gruppe zugeführt werden.

Problematisch wird eine solche Einteilung dann, wenn vom selben Absender ausnahmsweise eine persönliche Nachricht gesendet wird, welche dann natürlich vom Filtersystem nicht als solche erkannt werden kann. Für diesen Fall bietet sich eine Filtrierung nach der Betreffszeile (subject) an. Diese kann sowohl für o.g. periodisch erscheinenden Nachrichten als auch für Individualkommunikation zu einem bestimmten Thema eingesetzt werden. Voraussetzung dafür ist allerdings, daß die Betreffszeile stets genau gleich benannt wird. Ergänzungen, abweichende Schreibweisen und Tippfehler lassen eine zuverlässige Einteilung nicht zu. Kann weder über den Absender noch über den Betreff eine Klassifizierung vorgenommen werden, so stellt die Volltextsuche eine weitere Möglichkeit dar. Dabei wird der gesamte Text einer Mitteilung auf das Vorkommen bestimmter, vom Anwender in einem Filterprofil anzugebenden, Schlüsselwörter untersucht und die Nachricht dann aufgrund dieser Schlüsselwörter in eine Ablagestruktur einsortiert.

Eine andere Möglichkeit zur Strukturierung des Informationsflusses ist eine Festlegung der Abfolge von Nachrichtenarten. Dabei wird die gesamte Kommunikation als Folge bestimmter Sprechakte [71] angesehen. Beispiele für solche Sprechakte können Bitten, Selbstverpflichtungen, Antworten, Anweisungen, Ablehnungen, Feststellungen oder die Zurücknahme von Versprechungen sein. Jeder Nachricht wird genau eine Nachrichtenart zugeordnet, wobei z.B. auf eine „Anfrage" nur eine „Antwort" folgen kann. Das System „CHAOS" [11] beruht auf diesem Prinzip der Sprachakttheorie und verfügt zusätzlich über eine Wissensbasis

---

[1] vgl. dazu den vorhergehenden Abschnitt 2.3.1 (Electronic Mail).

über Benutzer und bereits durchgeführte elektronische „Gespräche". Diese Wissensbasis kann Kommunikationspartnern bei der Interpretation unvollständiger Informationen helfen.

Komplexere Filtersysteme erlauben neben diesen einfachen Gruppierungen automatische Interpretationen eines Nachrichtentextes und eine semantische Repräsentation des Inhalts aufgrund von regelbasierten Systemen. Diese Filtersysteme besitzen zwar den Vorteil, Mitteilungen sehr zuverlässig durch die Interpretation des Inhalts zu klassifizieren, haben aber den Nachteil, daß der dafür notwendige Vorbereitungsaufwand relativ hoch ist. So müssen zuerst Regeln definiert und verknüpft sowie Stichworte vereinbart werden und dann muß bei Änderungen eine Modifikation der Wissensbasis vorgenommen werden. Ist die Anzahl der Nachrichten noch manuell zu bewältigen, dann läßt sich das selbe Ziel oft ebenso schnell und wirkungsvoll durch „querlesen" und anschließendes Löschen einer Nachricht erreichen.

2.3.3 Bulletin Boards

Während bei Electronic Mail in der Regel eine 1:1-Relation bezüglich Absender und Empfänger besteht und bei Computer Conferencing eine n:n-Relation zugrunde liegt, werden Bulletin Boards üblicherweise zur Kommunikation im Rahmen einer 1:n-Relation (bezogen auf *eine* Nachricht) eingesetzt. Das dort zur Anwendung kommende „one-to-many"-Prinzip sagt, daß hier Informationen von *einem* Individuum (Verfasser) an *viele* Individuen (Leser) weitergeleitet werden [69].

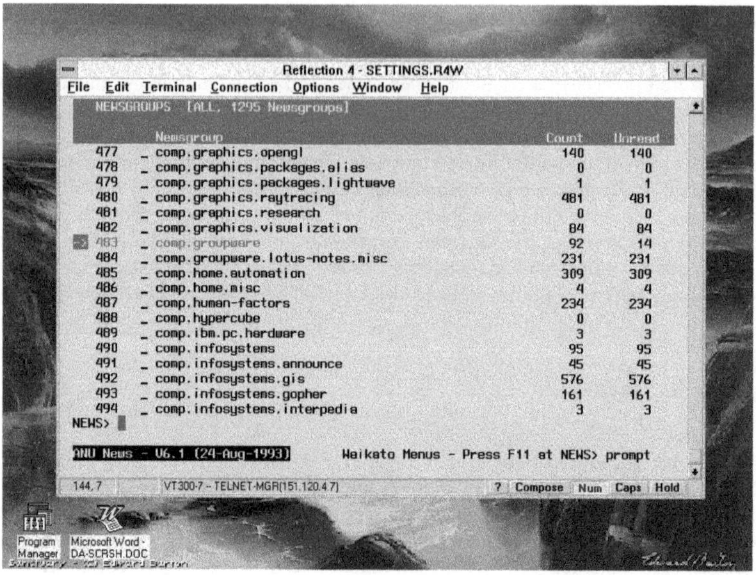

Abbildung 2.8: Übersicht der Themengebiete eines Bulletin Boards

Bulletin Boards entstanden aus dem Usenet mit über 10000 Systemen, welche über das UNIX uucp-Protokoll kommunizieren [108] und sind in eine sehr große Anzahl von Themengebieten („news-groups") eingeteilt. Abbildung 2.8 zeigt exemplarisch eine Übersicht über einige Themengebiete. Je nach Systembetreiber wird aber auf einem System nur ein gewisser Ausschnitt aus dem Gesamtangebot des Internets als Untermenge zur Verfügung gestellt[1]. Aus diesem auf dem System vorhandenen Angebot an Themengebieten kann der Anwender nun bestimmte für ihn interessante Bereiche registrieren. Mit der Registrierung wird für ihn in einer Datei ein Eintrag für das entsprechende Themengebiet erzeugt, in welcher das Benutzerprofil gespeichert sowie festgehalten wird, welche der Mitteilungen dieses Themengebiets bereits gelesen wurden.

---

[1] so werden bei der F. Hoffmann-La Roche AG in Basel z. Zt. 1292 Bulletin Board Themengebiete zur Verfügung gestellt, darunter die Gebiete „comp.groupware" (mit über 40000 Benutzern), „comp.protocols.iso.x400" und „bit.listserv.x-400.l", welche mir während der Bearbeitung der Diplomarbeit von großem Nutzen waren und auch Querverweise auf zahlreiche Literaturstellen lieferten.

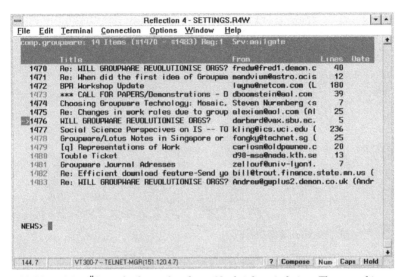

Abbildung 2.9: Übersicht der vorhandenen Nachrichtentitel eines Themengebietes

Üblicherweise sind Bulletin Boards hierarchisch strukturiert. Es kann in der obersten Hierarchieebene in den einzelnen Themengebieten geblättert werden (s. Abbildung 2.8). Auf der nächsten Ebene lassen sich zu dem ausgewählten Themengebiet die vorhandenen Nachrichtentitel auflisten (s. Abbildung 2.9) und auf der unteren Ebene wird, wie Abbildung 2.10 zeigt, eine ausgewählte Nachricht angezeigt.

Es existieren normalerweise Standardfunktionen zum Antworten auf eine Nachricht an alle oder privat, Extrahieren von Nachrichten, Markieren von Nachrichten zur Wiedervorlage sowie diverse Befehle für die Verwalter einzelner Themengebiete. Der Verwalter eines Themengebiets ist auch für die dortige Kommunikation verantwortlich. Das ständige Stellen der selben Fragen von Neulingen in dieser Gruppe (sog. „newbies") wird von im dadurch eingeschränkt, daß er periodisch eine FAQ-Liste[1] erstellt, welche die am häufigsten gestellten Fragen und natürlich deren Antworten beinhaltet.

---

[1] FAQ = Frequently Asked Questions. Wird diese FAQ-Liste nicht beachtet, und eine Frage an die Benutzergruppe gerichtet, welche in den FAQ's beantwortet ist, erhält man oft nur die Antwort „newbie - read the FAQ's!".

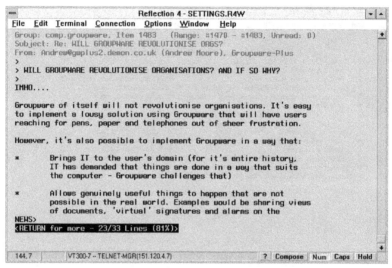

Abbildung 2.10: Anzeigefunktion für eine bestimmte Nachricht

Normalerweise ist in der FAQ-Liste auch eine Verhaltensregel für das jeweilige Themengebiet zu finden, welche den „Umgangston", d.h. in welcher Art Fragen zu stellen sind und welchen Anforderungen Beiträge genügen müssen, regeln. Natürlich läßt es sich durch eine solche Vorgehensweise trotzdem nicht ausschließen, daß bestimmte Personen einzelne Themengebiete für unangebrachte, beleidigende, sinnlose oder einfach nicht in diese Gruppe gehörende Nachrichten bzw. Werbung mißbrauchen. Daher steht dem Anwender in einem Bulletin Board typischerweise ein Filtermechanismus (wie im vorherigen Abschnitt 2.3.2 unter Filtersysteme beschrieben) zur Verfügung, mit dessen Hilfe die Beiträge von bestimmten Personen einfach herausgefiltert werden können. Diese Funktion des Bulletin Boards wird häufig in den Verhaltensregeln als „Erziehungsmittel" zitiert, indem dort neue Benutzer darauf hingewiesen werden, daß bald niemand mehr ihre Beiträge lesen wird, wenn nicht schon die ersten Nachrichten einem gewissen Qualitätsstandard entsprechen.

Bulletin Boards sind eine gute Möglichkeit zur kontinuierlichen Information über bestimmte Themengebiete. Um laufend informiert zu sein und die Informationsflut trotzdem nicht überhand nehmen zu lassen, ist es jedoch erforderlich, täglich einige Minuten in das Lesen der neuen Mitteilungen zu investieren und die Anzahl der registrierten Themengebiete auf die wirklich notwendigen einzuschränken. Die stetig steigende Anzahl der Benutzer führt zu einer konsequenten Ausdehnung des Informationsangebot und einer Zunahme und Spezialisierung der Themengebiete. Es darf also erwartet werden, daß die Attraktivität, bei der län-

gerfristigen Bearbeitung eines Themas auf Bulletin Boards als Informationsquelle zurückzugreifen, in nächster Zeit weiter steigen wird.

2.3.4 Dokumentenmanagement

Die unter Dokumentenmanagement dargestellte Funktionalität wird oft auch als „gemeinsame Datennutzung" [35], „elektronische Dokumentenverarbeitung" [71], „gemeinsamer
Datenbankzugriff" [13], „shared filing systems" [108], „information sharing" [69] oder
„group memory management" [41] bezeichnet. Im Vergleich zu Electronic Mail, Filtersystemen und Bulletin Boards geht es hier jedoch nicht nur um einzelne textbasierte Nachrichten,
sondern um ein ganzes Dokument. Das Dokument kann dabei aus formatiertem und mit Attributen versehenem Text, Grafik und anderen Elementen bestehen. Wesentliche Funktionen des
Dokumentenmanagements sind die Erstellung, Bearbeitung, Übermittlung und Archivierung
von Dokumenten sowie das Wiederauffinden durch den Autor oder andere Teammitglieder.

In Abgrenzung zu Co-Autorensystemen wird unter Dokumentenmanagement zwar die
gemeinsame Nutzung der selben Informationen (d.h. des Dokuments), nicht aber die simulta-
ne Erstellung (d.h. das gleichzeitige Arbeiten am selben Dokument) verstanden. Die Funktionalität   zur   Dokumentenerstellung   und   der   Übertragung   sind   aus   Standard-
Textverarbeitungssoftware und Electronic Mail bereits bekannt. Ein Schwerpunkt des Dokumentenmanagements liegt aber bei der Archivierung, insbesondere bei der Eingliederung in
eine Ablagestruktur oder der Erzeugung von Indizes, was ein systematisches Auffinden überhaupt erst möglich macht.

Das Ziel der Dokumentenarchivierung ist, allen zukünftigen Interessenten den Zugriff
auf die internen oder externen Informationen zu gewährleisten. Diese Informationen können
Projektdokumentationen, Beschreibungen, Gutachten, Problemstellungen mit Lösungswegen
oder jede andere Art von Dokumenten sein. Durch die Möglichkeit des schnellen Auffindens
der gewünschten Information und des effizienten Zugriffs auf das entsprechende Dokument
sollen innerhalb des Unternehmens Wissensbasen aufgebaut werden, die es sowohl erlauben,
Synergieeffekte zu nutzen als auch zu verhindern, daß das selbe Wissen mehrfach empirisch
erzeugt werden muß oder Informationen über den selben Sachverhalt an unterschiedlichen
Orten und ohne Querverweise archiviert sind.

Die drei wesentlichen Arten des Zugriffs auf Wissensbestände bei Groupware sind die
Beschlagwortung und Volltextsuche, die Textfiltrierung sowie hypermediale Ansätze [71].
Eine schon lange eingesetzte Methode zur Auffindung von Informationen innerhalb von unstrukturierten bzw. semi-strukturierten[1] Dokumenten stellt die Definition von Schlüsselbegriffen zur Charakterisierung des Dokumenteninhalts dar ([56] und [82]). In dieser Form archivierte Dokumente können nur gefunden werden, wenn sie über die entsprechenden Schlüssel-

---

[1] „we define semistructured messages as messages of identifiable types, with each type containing a known set
of fields, but with some of the fields containing unstructured text or other information [...]" [56].

begriffe gesucht werden. Liegen die Informationen in Textform vor, so kann durch die Volltextsuche das gesamte Dokument nach bestimmten Begriffen durchsucht werden, und die
entsprechenden Textstellen können beim Auftreten dieser Begriffe oder bestimmter Begriffs-
kombinationen ausgewertet werden.

Durch den Einsatz von Filtersystemen auf ein ganzes Dokument ergeben sich auch Möglichkeiten, Kontexte zu erkennen. Wie schon im Abschnitt Filtersysteme erläutert, wird dann
die Anwendung regelbasierter Systeme und der semantischen Inhaltsrepräsentation möglich[1].
Eine weitere Möglichkeit, den Zugriff auf Informationsbestände zu vereinfachen, ergibt sich
durch die Anwendung von Hypertext- und Hypermediasystemen. Hypertext ermöglicht es,
innerhalb eines Dokumentes eine Verknüpfung von Schlüsselwörtern zu erzeugen und somit
ein einfaches und schnelles Verzweigen zwischen einzelnen Begriffen durchzuführen ([9] und
[82]). Wird nicht nur zwischen einzelnen Textstellen hin- und hergesprungen sondern sogar
zwischen unterschiedlichen Medien (digitalisierte Vidoesequenzen, Sprache, Bilder), dann
handelt es sich hierbei um Hypermedia.

Ein Beispiel für in einer baumartigen Struktur[2] archivierte Informationen stellt die sich
noch sehr im Wachstum befindende Internet-Anwendung „World Wide Web (WWW)" dar.
Aufgrund von wenigen, in einer top-level-Ebene (im „WebStart"-Dokument) angegebenen
Begriffen, kann dort die gesamte Baumstruktur auf hunderten von Ebenen durchlaufen werden, wobei sich die einzelnen Informationen nicht lokal, sondern auf weltweit verteilten
Rechnern befinden. Im Unterschied zu einer echten Baumstruktur besteht das World Wide
Web jedoch aus beliebig vielen Querreferenzen, denen mit einem Web-Browser (beispiels-
weise mit dem weit verbreiteten Public-Domain-Produkt „Mosaic" der Firma NCSA) gefolgt
werden kann.

Möchte man das Dokumentenmanagement im Rahmen einer zeitlich/räumlichen Klassifikation (wie in 2.2.2 dargestellt) einteilen, so gehört dies zur Kategorie der dezentral asynchronen Groupwareanwendungen zur Informationsunterstützung.

2.3.5 Co-Autorensysteme

Im Vergleich zum Dokumentenmanagement steht bei Co-Autorensystemen die gemeinsame Erstellung und Modifikation eines Objekts im Vordergrund. Dies kann z.B. ein Zeit-
schriftenartikel oder ein Buch, bestehend aus Grafik und Text, sein. Groupware mit der Funktionalität eines Co-Autorensystems wird oft auch der Kategorie „gemeinsames Editieren"
[13], „shared screens"[3] ([35] und [57]), „screen sharing systems" [108], „collaborative docu-

---

[1] vgl. Abschnitt 2.3.2 (Filtersysteme).
[2] eine solche Struktur wird z.B. auch bei den Dateisystemen der meisten Betriebssysteme verwendet.
[3] im Gegensatz dazu unterscheidet [108] jedoch nochmals in „shared filing systems", „co-authoring systems"
und „screen sharing systems" wobei unter „screen sharing systems" bereits Funktionalitäten mit einbezogen
werden, welche ich dem Computer Conferencing zugeordnet habe und in einem späteren Abschnitt vorstelle.

ment editing" [27], „collaborative writing" ([15] und [92]) sowie „group-authoring" [41] zugeordnet.

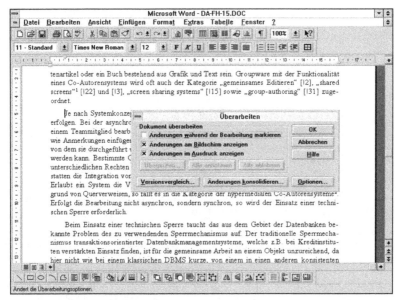

Abbildung 2.11: Die Dokumentenüberarbeitungsfunktion von WinWord 6.0

Je nach Systemkonzeption kann die Bearbeitung des Objektes synchron oder asynchron
erfolgen. Die Abbildung 2.11 zeigt das Textverarbeitungsprogramm Word für Windows 6.0
der Firma Microsoft. Der dort vorhandenen Überarbeitungsfunktion kann entnommen werden, daß heute bereits Standardapplikationen über elementare Funktionen zur asynchronen
Dokumentenbearbeitung verfügen. Bei der asynchronen Bearbeitung [27] wird das Objekt zu
einem Zeitpunkt von genau einem Teammitglied bearbeitet, welches dann Editieren, Änderungen anbringen, Streichen sowie Anmerkungen einfügen kann. Jede Modifikation wird mit
dem Namen desjenigen versehen, von dem sie durchgeführt wurde, so daß jede Änderung von
jedem Teammitglied rekonstruiert werden kann. Bestimmte Co-Autorensysteme erlauben die
Definition von Benutzer-Rollen mit unterschiedlichen Rechten [71] wie Mitautor, Kommenta-
tor oder Leser. Andere Systeme gestatten die Integration von handschriftlichen oder gespro-
chenen Mitteilungen in das Objekt. Erlaubt ein System die Verknüpfung von bestimmten
Schlüsselbegriffen untereinander aufgrund von Querverweisen, so fällt es in die Kategorie der

hypermedialen Co-Autorensysteme[1] [9]. Erfolgt die Bearbeitung nicht asynchron, sondern synchron, so wird der Einsatz einer technischen Sperre erforderlich.

Beim Einsatz einer technischen Sperre taucht das aus dem Gebiet der Datenbanken bekannte Problem des zu verwendenden Sperrmechanismus auf. Der traditionelle Sperrmechanismus transaktionsorientierter Datenbankmanagementsysteme, welche z.B. bei Kreditinstituten verstärkten Einsatz finden, ist für die gemeinsame Arbeit an einem Objekt unzureichend, da hier nicht wie bei einem klassischen DBMS kurze, von einem in einen anderen konsistenten Zustand führende Transaktionen stattfinden, sondern am selben Objekt oft stunden-, tage- oder wochenlang gearbeitet wird.

Die im Bereich des Konfigurationsmanagements [27] bei Revision Control Systems oft eingesetzte Methode der Versionsverwaltung stellt eine weitere Möglichkeit zur Konsistenzsicherung dar. Während sie im Bereich des Quellcodemanagements durch relativ lange Bearbeitungszeiten einzelner Module durch eine Person, und somit eine relativ geringe Anzahl verschiedener Versionen, durchaus ihre Daseinsberechtigung besitzt und sich schon lange etabliert hat, ist Versionsverwaltung für den Bereich der Co-Autorensysteme nur sehr bedingt geeignet. Dieser Bereich ist durch eine permanente Überarbeitung gekennzeichnet, in der im Extremfall jedes Wort einer anderen Version, erstellt durch unterschiedliche Teammitglieder, angehören kann. Die Verwaltung einer derart große Anzahl existierender Versionen wird nicht mehr handhabbar und mündet schon nach kurzer Zeit in ein Chaos [1].

Da bei der synchronen Bearbeitung häufig bereits vor Arbeitsbeginn eine klare Aufgabenabgrenzung unter den einzelnen Autoren stattfindet, genügt es oft, ein Objekt in logische Abschnitte zu unterteilen. Innerhalb eines komplexen Objekts können so für einzelne Unterobjekte für jeweils einen Autor Änderungsberechtigungen erteilt werden, während die anderen Autoren für dieses Unterobjekt nur ein Leserecht besitzen. Andere Co-Autorensysteme verzichten auf die technische Sperre bestimmter Bereiche im Objekt und sehen eine Koordination der Teilnehmer im Rahmen eines Diskussionsprozesses vor [71]. Als Forschungsergebnis entstand am MIT ein Modell, welches den gleichzeitigen Zugriff auf geteilte Informationen erlaubt und die Anzahl der Konflikte zwischen Echtzeitbenutzern minimiert. Dieses Modell basiert auf einer dynamischen Untersuchung der jeweiligen Anzahl von Lese-/Schreiboperationen der einzelnen Benutzer innerhalb eines bestimmten Objektes [1]. Gleichzeitig wird die Effektivität der Gruppenmitglieder dadurch gesteigert, daß sofort auf auftretende Konflikte hingewiesen wird, und diese dann interaktiv gelöst werden können.

Ein wichtiger Vorteil von Co-Autorensystemen besteht darin, daß während der Zusammenarbeit nicht nur das Ergebnis einer Zeichnung oder der Textverarbeitung zur Verfügung gestellt werden kann, sondern der gesamte dynamische Prozeß der Entwicklung verfolgbar ist [39]. Ein Beispiel für ein derzeit kommerziell verfügbares Produkt der Kategorie „Co-Autorensysteme", welches sich allerdings nur für den gemeinsamen Entwurf kürzerer Beiträge und Dokumente eignen dürfte, ist „jointXpublishing" von der Firma Sietec Systemtechnik. Dieses Produkt setzt auf dem Desktop Publishing Programm FrameMaker® auf und bietet allen Gruppenmitgliedern die gleiche Ansicht auf ein Frame-Dokument. Von einem Modera-

[1] vgl. dazu auch den vorhergehenden Abschnitt 2.3.4 (Dokumentenmanagement).

tor wird gesteuert, wer das Schreibrecht erhält, während gleichzeitig eine Dialogbox einge-
blendet wird, in welche Anmerkungen eingegeben und Informationen ausgetauscht werden
können [13].

Im Rahmen der zeitlichen und sachlichen Klassifikation lassen sich Co-Autorensysteme
nicht eindeutig zuordnen, da bei der zentralen und auch bei der dezentralen Variante sowohl
synchrone als auch asynchrone Bearbeitungsformen existieren.

2.3.6 Computer Conferencing

Computer Conferencing stellt, wie Abbildung 2.12 zeigt, eine konsequente Weiterent-
wicklung der „one-to-many" Kommunikationsform in Bulletin Boards dar. Wie schon bei
Bulletin Boards wird auch bei Computer Conferencing Systemen typischerweise eine hierarchische Untergliederung in verschiedene Themengebiete vorgenommen. Diskussionen finden
dann jeweils in der entsprechenden Gruppe für dieses Themengebiet statt. Die einzelnen Beiträge sind jedoch nicht auf reine Textinformationen beschränkt, sondern können auch einge-
scannte Bilder oder Grafiken sowie andere multimediale Objekte beinhalten. Das Hauptkrite-
rium zur Unterscheidung ist jedoch die zusätzliche verbindungsorientierte Komponente.

Zusätzlich zu der verbindungslosen (asynchronen) Kommunikationsform kann beim
Computer Conferencing, welches sich üblicherweise auf einer grafischen Benutzeroberfläche
abspielt, eine verbindungsorientierte (synchrone) Komponente enthalten sein [87]. Dies kann
z.B. ein bestimmtes Fenster innerhalb der GUI[1] sein, welches eine online Schreib-/ Lese verbindung zu einem oder mehreren Kommunikationspartnern für sofortige Rückfragen beinhaltet oder synchron Audio- und Videoelemente wiedergibt.

Als parallel dazu verlaufende Entwicklung wird die Telekonferenz bezeichnet ([42] und
[57]). Die Telekonferenz erlaubt die synchrone dezentrale Kommunikation mehrerer Teilnehmer über Video- und Audiokanäle. Bekannte Beispiele sind Konferenzschaltungen mittels
Telefonanlagen oder Videokonferenzen in Konferenzstudios, welche mit speziellen Kameras,
Monitoren, Mikrofonen und ggf. Videowänden ausgestattet sind. Videowände sind dabei in
der Lage, ein Bild des Gesprächspartners in Originalgröße zu projizieren und somit den Eindruck zu vermitteln, daß der Gesprächspartner im selben Raum anwesend ist [71].

Die Verbindung zwischen klassischen Computer Conferencing und Telefonkonferenzen
wird als Desktop Conferencing bezeichnet [82]. Desktop Conferencing erlaubt den Aufbau
von Konferenzen vom eigenen Arbeitsplatz aus, erfordert jedoch an jedem Arbeitsplatz eine
spezielle Multimediaausstattung. Desktop Conferencing wird auch als „Desk-to-Desk Teleconferencing" bezeichnet [43].

Als kommerzielles Produkt wird auf dem amerikanischen Markt von der Firma Fujitsu
das Programm „Desk-Top conferencing" angeboten [13]. Das Produkt unterstützt die gleich-

---

[1] GUI = graphical user interface - grafische Benutzeroberfläche.

zeitige Veränderung einer jeden Windows-Anwendungsoberfläche durch mehrere räumlich getrennte Bearbeiter. Als Bearbeitungstools stehen beispielsweise Zeigepfeile und Stift-Funktionen zur Verfügung.

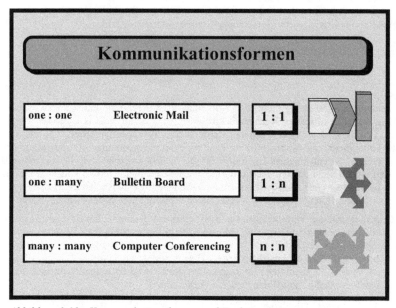

Abbildung 2.12: Kommunikationsformen und Funktionalität

Computer Conferencing weist im Rahmen der zeitlich/räumlichen Klassifikation dezentral synchrone und dezentral asynchrone Formen auf. Im Rahmen der sachlichen Klassifikation zählt Computer Conferencing zum Bereich Kommunikationsmanagement.

2.3.7 Electronic Meeting

In Abgrenzung zu Computer Conferencing wird unter Electronic Meeting nicht das elektronische Treffen über das Medium Computer, sondern die Unterstützung von Konferenzen und Besprechungen, welche die physische Anwesenheit erfordern, verstanden. Zur Kategorie Electronic Meeting zählen also alle Groupwareapplikationen, welche in irgendeiner Form während eines „face-to-face"-Treffens eingesetzt werden. Andere Begriffe für Electronic

Meeting sind „advanced meeting room systems" [108], „computer supported face-to-face-meetings" [41], „group decision support system" [25], „EMR (electronic meeting room)" [71], „chalkboard system" [95] und „Meeting-Unterstützung" [13]. Auch die einzelnen Komponenten des Electronic Meeting weisen stark voneinander abweichende Bezeichnungen auf.

Ein für Electronic Meeting vorhergesehener Raum ist ein mit Informationstechnologie ausgestatteter Sitzungsraum, in dem jeder Teilnehmer einen eigenen Personal Computer zur Verfügung hat [15]. Alle Personal Computer sind sowohl untereinander als auch mit einem „Public Screen" über ein Local Area Network vernetzt. Der Public Screen, ein zentral angebrachter Großbildschirm, zeigt ausgewählte Komponenten für alle sichtbar an [71]. Üblicherweise besitzt der Raum neben den Informationstechnologiekomponenten auch eine „klassische" Einrichtung in Form von Flipcharts, Tafeln, Tageslichtprojektoren und Pinwänden[1].

Produkte für das Electronic Meeting unterstützen normalerweise das Erstellen der Sitzungsagenda, anonymes Gruppenbrainstorming, das Sortieren und Ordnen der Ideen, die Durchführung von Abstimmungen, das strukturierte Kommentieren der Themen, das Bewerten von Alternativen und die Formulierung der Sitzungsergebnisse sowie deren Weiterbearbeitung. Diese Produkte helfen weiterhin, Sitzungen dadurch effizienter zu gestalten, indem Routineaufgaben mittels Computer erledigt werden können und Medienbrüche (z.B. doppelte Erfassung des Protokolls, Rundschreiben) vermieden werden[2].

Weiterhin wird mittels Electronic Meeting ermöglicht, den Prozeß der Entscheidungsfindung zu neutralisieren, indem subjektive Einflüsse (z.B. Zuneigung, Abneigung, Geltungsbedürfnisse, Machtbeweis) durch Anonymität ausgeblendet werden. Mit dieser Thematik befassen sich insbesondere „group decision support systems" [25]. Diese GDSS-Systeme können in die Bereiche Kreativitätsförderung, Kompromißfindung und Kommunikationsförderung untergliedert werden. Der Entscheidungsprozeß der Gruppe wird beispielsweise durch Wenn-Dann-Analysen, Entscheidungsbaumverfahren, Risikoanalysen, Netzplantechniken, Optimierungsprogramme und andere, meist quantitative, Verfahren unterstützt.

Eine Befragung unter den Teilnehmern einer Electronic Meeting Sitzung ergab, daß 75 % der Befragten die Meinung vertraten, Electronic Meeting sei effektiver als die herkömmliche Variante. 80 % der Befragten meinten, Electronic Meeting würde der Gruppe besser helfen, ihre Ziele zu erreichen [71]. In Interviews zur Untersuchung der Zufriedenheit der Benutzer ließ sich eine durchweg positive Haltung feststellen.

Das wohl in Deutschland bekannteste Forschungsprogramm zur Kategorie „Elektronic Meeting" wird von der Universität Hohenheim unter dem Namen „Computer Aided Team (CATeam)" durchgeführt und beabsichtigt, Maßnahmen und Verfahren zur Verbesserung der Gruppenarbeit durch den Einsatz von Informations- und Kommunikationstechnologien zu liefern [52]. Es wurde weiterhin untersucht, welche Veränderungen in Sitzungen möglich bzw. erforderlich sind oder sich durch den Einsatz der neuen Technologien ergeben. Außerdem will die CATeam-Forschung feststellen, wie bestimmte Werkzeuge wirken und wie sie akzeptiert werden [51].

---

[1] vgl. dazu jedoch die Anmerkungen im Abschnitt 2.2.2 (sachliche Klassifikation).
[2] vgl. dazu „Tools for Collaboration" in [95].

Das Electronic Meeting Forschungsprogramm umfaßt die CATeam-Software „GroupSystems", einen Sitzungsraum mit Rechner für jeden Teilnehmer, Projektionsmöglichkeit und Sitzungsmoderation durch einen Softwarechauffeur. „GroupSystems" wurde seit 1984 an der University of Arizona entwickelt. Das heute als „GroupSystems" Version 5 vertriebene Programm unterstützt sowohl klassische Sitzungen als auch asynchrone Zusammenarbeit. Die Software besteht aus flexibel kombinierbaren, auf vernetzten PCs ablauffähigen Werkzeugen, die unterschiedlichen Unterstützungsanforderungen gerecht werden. Es empfiehlt sich, vor jeder Sitzung zu bestimmen, was genutzt werden soll und dabei Aufgabenstellung und Werkzeuge aufeinander abzustimmen.

Im Werkzeugbaukasten stehen Tools für die Sitzungsvor- und Sitzungsnachbereitung, für die einzelnen Sitzungsphasen sowie Werkzeuge, die als Gruppengedächtnis dienen, zur Verfügung [51]. „GroupSystems" erfordert einen Sitzungschauffeur, um die Koordination der computergestützten Sitzungsaktivitäten durchzuführen, die Werkzeuge auszuwählen und die Tagesordnung zu planen. Weiterhin ist er der Ansprechpartner bei den technischen Aspekten der GroupSystems Nutzung und muß somit die Software sehr gut kennen, um qualifiziert beraten zu können. Es ist dabei empfehlenswert, daß es sich bei dieser Person um eine zum sonstigen Sitzungsgeschehen neutrale Person handelt.

Insgesamt gibt es „GroupSystems" an mehr als 22 Universitäten auf der ganzen Welt und in einigen Firmen, vor allem in den USA. In Deutschland verfügt der Lehrstuhl Wirtschaftsinformatik an der Universität Hohenheim über einen Electronic Meeting Raum, in welchem GroupSystems installiert ist. Die dort beobachteten Ergebnisse sind äußerst vielversprechend, bedürfen jedoch noch der weiteren Erforschung und Interpretation [52].

Zeitlich und räumlich läßt sich Electronic Meeting der Kategorie der synchronen zentralen Groupwareanwendungen zuordnen. Eine Einordnung im Rahmen der sachlichen Klassifikation kann im Bereich Echtzeittreffen erfolgen.

2.3.8 Ressourcenmanagement

Das Ressourcenmanagement gehört zu den Bereichen, in denen heute schon auf breiter Basis kommerzielle Produkte verfügbar sind. Ressourcen können dabei sowohl Personen als auch Sachen (z.B. Dienstfahrzeuge, Räume) oder sogar die Zeit sein. In diese Sparte gehören „calendar systems" [108], „calendar management for groups" [41], „personal time lists" [69], „Zeitmanagement" [13] sowie „Terminmanagementsysteme" [71].

Bei den Kalendersystemen handelt es sich zunächst um Programme, die den Terminkalender anstatt in der konventionellen Tisch- oder Taschenkalenderform maschinell führen. Die Vorteile liegen in der automatischen Terminüberwachung, der leichten Modifizierbarkeit von Eintragungen, der maschinellen Verwaltung periodisch wiederkehrender Ereignisse (z.B. Wochentermine oder Geburtstage) sowie der einfachen Erstellung von Querverweisen. Solange das Kalendersystem jedoch nur von einer einzelnen Person als elektronischer persönlicher Kalender genutzt wird, handelt es sich dabei noch nicht um eine Groupwareanwendung.

Durch die Integration der persönlichen Kalender in einen Gruppenkalender werden bestimmte Groupwarefunktionen möglich. So können dann beispielsweise Termine für Besprechungen ohne aufwendige Absprache festgelegt werden. Ein Gruppenmitglied initiiert einen Besprechungstermin, indem z.B. eine Besprechungsanfrage abgesetzt wird und alle involvierten Gruppenmitglieder beim nächsten Aufruf ihres Kalenders automatisch um Bestätigung gebeten werden. Eine andere Alternative, die jedoch die direkte Zugriffsberechtigung auf die Kalender der Teammitglieder voraussetzt, wäre die manuelle Planung des Termins aufgrund der Feststellung von Lücken in den Terminkalendern der Kollegen.

Die dritte Alternative kommt in prioritätsgesteuerten Systemen zur Anwendung [71]. Jeder Teilnehmer versieht dort die in seinem Terminkalender aufgeführten Termine mit Prioritäten. Bei der gruppenorientierten Terminsuche versucht das Terminmanagementsystem solche Termine zu finden, bei welchen in Summe die wenigsten Prioritäten verletzt werden. Ähnlich geht die vierte Alternative vor. Dabei wird der Optimierungsprozeß jedoch nicht aufgrund von Prioritäten, sondern von Regeln vorgenommen. Es wird versucht, durch Entscheidungsregeln das Vorgehen abzubilden, dem normalerweise der Initiator der Besprechung folgt. Eine weitere Alternative stellt der Einsatz von intelligenten Agenten vor, welcher in einem späteren Abschnitt noch genauer vorgestellt wird. Bei der Terminplanung kann ein intelligenter Agent eingesetzt werden, um die Teilnehmer nach Verfügbarkeitsterminen zu befragen und selbständig einen Optimierungsprozeß sowie Verhandlungsaufgaben durchzuführen.

Alle Alternativen setzen jedoch voraus, daß alle Teammitglieder sämtliche Termine in ihrem elektronischen Zeitplaner verwalten und diesen auch ständig pflegen [13]. Schon die zeitverzögerte Eingabe (z.B. am Vormittag wird auf dem Gang ein Termin vereinbart und erst am nächsten Tag im System erfaßt) kann erhebliche Probleme durch Doppelbelegung verursachen. Es gilt hier, daß die Kette so schwach wie ihr schwächstes Glied ist. Selbst in einem Team von 30 Personen genügt schon ein einziger Mitarbeiter, welcher seine Termine nicht oder nur temporär im elektronischen Kalender pflegt, um das ganze Zeitplanungssystem durcheinander zu bringen.

Eine andere Applikation des Ressourcenmanagements ist beispielsweise ein Raumbelegungssystem, in dem Besprechungszimmer verwaltet werden, oder ein System zur Belegung von Dienstwagen. Auch bei diesen Applikationen gilt jedoch, daß die Benutzung von Fahrzeugen ohne vorherige Belegung oder das Abhalten einer Konferenz ohne Buchung des Raumes zu keinem sinnvollen Einsatz des Systems führen kann [41].

Allen Anwendungen gemeinsam sind die Vorteile, daß Verzögerungen durch Nichterreichbarkeit der entsprechenden Ansprechpartner wegfallen, die Buchung bzw. Terminvereinbarung einfacher durchgeführt werden kann, eine asynchrone Kommunikation möglich wird sowie Verschiebungen schneller und einfacher vorgenommen werden können.

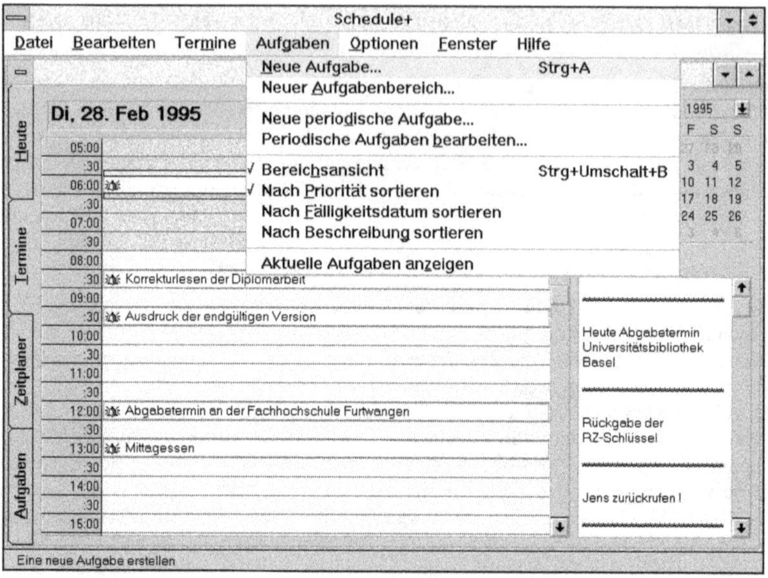

Abbildung 2.13: Microsoft Schedule als Beispiel für ein Zeitmanagementsystem

Die Abbildung 2.13 zeigt das Zeitmanagementsystem „Schedule+" der Firma Microsoft als einen Vertreter der Groupwarekategorie „Ressourcenmanagement". Mit diesem Programm können Termine und Aufgaben sowohl periodisch als auch einzelfallbezogen verwaltet werden. Für Besprechungen und Treffen ist ein Abgleich zwischen den Kalendern mehrerer Personen möglich. Es stehen dabei mehrere Abstufungen zur Verfügung. So können bestimmte Benutzer beispielsweise vollen Einblick in alle Termine bekommen, während andere Benutzer nur die freien Termine sehen können oder gar keinen Zugriff auf den Kalender erhalten. Es sind viele verschiedene Sortierkriterien, eine Fortschreibung von Aufgaben und Terminen sowie Reservierungsbestätigungen an die Kalender der beteiligten Personen möglich.

Es zeigt sich bei Ressourcenmanagementsystemen nach einiger Zeit, daß es vier grundlegende Formen der Anwendung gibt. „Die erste Gruppe von Anwendern verwendet das System nur für bestimmte Anlaßfälle, nicht aber für Routinetätigkeiten. Eine weitere Gruppe nutzt es im Auftrag anderer Benutzer, die entweder nicht selbst mit dem System arbeiten wollen oder keinen Systemzugang besitzen. Die dritte Gruppe verwendet es nur indirekt, indem sie Mitarbeitern den Auftrag gibt, notwendige Aufgaben mittels des Terminmanagementsystems durchzuführen. Die letzte und zahlenmäßig größte Gruppe arbeitet regelmäßig mit der gesamten Funktionalität des Systems und verzichtet auf das Führen von traditionellen Kalendern" [71].

2.3.9 Projektmanagement

Projektmanagementanwendungen werden oft auch als „to-do"-Management [108], „tasklists" [69] und „project management software" [41] bezeichnet.

Die Aufgabe von Software zum Management von Projekten ist primär die Koordination, d.h. die Planung, Steuerung und Kontrolle von Projekten. Die Projekte werden dabei in einzelne Aufgaben zerlegt, welchen nun bestimmte Attribute zugewiesen werden. Diese Attribute können beispielsweise Zeitdauer oder Priorität sein. Zwischen den einzelnen Aufgaben können danach Abhängigkeiten definiert werden, z.B. daß Aufgabe B erst begonnen werden kann, wenn Aufgabe A abgeschlossen wurde. Typischerweise existieren verschiedene grafische Darstellungsformen (z.B. Netzplan, Balkendiagramm) zur Anzeige dieser Daten [71].

Im Rahmen einer Groupwareapplikation können beteiligten Teammitglieder die ihnen zugeordneten Aufgabenbereiche und Ressourcen selbst verwalten [88]. So kann der Projektleiter bei einem Projekt der Softwareentwicklung beispielsweise mit Hilfe der Projektmanagementsoftware eine Aufgabenverteilung vornehmen. Dabei werden alle Aufgaben so weit wie möglich strukturiert und mit Prioritäten versehen. Jeder Softwareentwickler im Team entnimmt die ihm zugeordneten Aufgaben (z.B. Design, Codierung, Fehlerbeseitigung, Test) der Projektmanagementapplikation und gibt dort auch jede Fertigstellung oder Verzögerung des geschätzten Fertigstellungstermins als Änderung ein. Der Projektleiter hat somit einen ständigen Überblick über alle Phasen der Entwicklung und kann Verzögerungen frühzeitig erkennen und entsprechende Korrekturmaßnahmen einleiten.

Bei der Auswahl eines Projektmanagementprogramms ist nicht nur die Funktionalität entscheidend. Der wesentliche Punkt für einen sinnvollen Einsatz und ständig aktuelle Daten ist vielmehr die Akzeptanz aller Teammitglieder, mit der Bereitschaft dieses Programm täglich zu benutzen und jede Modifikation ohne Zeitverzögerung durchzuführen. Entsprechend wichtig ist somit die Einbindung aller Teammitglieder in den Prozeß zur Auswahl der Projektmanagementapplikation. „The big issue with project management software is to find a system that all team members will actually use" [41].

2.3.10 Intelligente Agenten

„Systeme, die in einem genau definierten Bereich Aufgaben von Gruppenmitgliedern übernehmen und innerhalb der vorgegebenen Grenzen selbständig agieren, werden als Intelligente Agenten bezeichnet" [71]. Daneben existiert aber auch noch eine Reihe von Bezeichnungen, wie beispielsweise „nonhuman participants" [41], „KWICK (knowledge workers intelligently collecting, coordinating and consulting knowledge" [108], „intelligent interfaces, knowbots, softbots, userbots, taskbots, personal agents [und] network agents" [81] sowie zahlreiche andere Begriffe.

Die Idee der Intelligenten Agenten als Möglichkeit zur Delegation bestimmter computer-basierter Aufgaben stammt ursprünglich von Nicholas Negroponte und Alan Kay [54]. Ein wesentliches Kennzeichen ist dabei das autonome Handeln innerhalb des vorgegebenen Bereiches. Durch die durchgeführte Aktion und oft auch durch eine speziell gestaltete Benutzerschnittstelle imitieren diese Systeme menschliche Gruppenmitglieder. Ihre „Intelligenz" beziehen sie dabei durch Technologien aus der Künstlichen Intelligenz, wie etwa die Steuerung durch ein Regelsystem [71]. Der Agent führt dabei innerhalb des definierten Arbeitsbereiches aufgrund der Regelbasis selbständig Handlungen durch.

Intelligente Agenten finden Anwendung in Electronic Mail, Terminapplikationen, Filter- und Vorschlagssystemen [96]. Ein Beispiel ist der in Macintosh Common Lisp implementierte Electronic Mail Agent „Maxims" [54]. Der Agent verfolgt dabei ständig die Handlungsweise des Electronic Mail Benutzers. Speichert der Benutzer eine bestimmte Nachricht nachdem er sie gelesen hat an einem bestimmten Ort ab, so fügt der Agent eine Beschreibung dieser Situation in seine Regelbank ein. Er hält dabei alle wesentlichen Kriterien (z.B. Absender, Betreff, u.ä.) fest um beim Auftreten der gleichen oder einer ähnlichen Situation einen Handlungsvorschlag unterbreiten zu können. Periodisch (z.B. jede Nacht) wird vom Intelligenten Agenten die Regelbank analysiert und versucht, Zusammenhänge zwischen Parametern und den ausgeführten Aktionen zu erkennen, um sie später selbst ausführen zu können.

Im Bereich von Filtersystemen finden Intelligente Agenten ebenfalls einen interessanten Aufgabenbereich. Wie schon früher beschrieben[1], geht es bei Filtersystemen darum, aus einer Vielzahl von Nachrichten die wichtigen Mitteilungen herauszufinden und von den unwichtigen zu trennen. Dabei müssen zunächst bestimmte Auswahlkriterien angegeben werden, die es dem Intelligenten Agenten ermöglichen zu entscheiden, ob eine bestimmte Mitteilung, beispielsweise ein Nachrichtenartikel, zum Lesen vorgeschlagen werden soll. Durch die Auswahl weiterer Kriterien bzw. das Markieren von Schlagwörtern kann der Benutzer die Wahrscheinlichkeit, daß ein gleichartiger Artikel das nächste Mal vorgeschlagen werden wird, erhöhen oder senken.

Die Funktionsvielfalt von Intelligenten Agenten und das dementsprechend breite Anwendungsspektrum in nahezu allen in den vorherigen Abschnitten aufgeführten Bereichen läßt es als unwahrscheinlich erscheinen, daß Intelligente Agenten künftig eine eigene Groupwarekategorie darstellen werden. Wahrscheinlicher ist es dagegen, daß Intelligente Agenten in Zukunft Einzug in viele Groupwarebereiche finden und in die dort bereits vorhandenen Applikationen integriert werden.

---

[1] vgl. dazu Abschnitt 2.3.2 (Filtersysteme).

2.3.11 Workflow-Management

Das Workflow-Management nimmt im Rahmen von Groupware eine Sonderstellung ein. Wie wir festgestellt haben[1], ist der kleinste gemeinsame Nenner der Groupwaredefinitionen die *Unterstützung der Zusammenarbeit einer Gruppe durch ein Computersystem*. Viele Autoren[2] verstehen daher Workflow-Management als einen Bestandteil von Groupware, da auch hier mehrere Personen im Rahmen einer gemeinsamen Aufgabe an der Bearbeitung eines Dokumentes beteiligt sein können. Andere Autoren[3] unterscheiden prinzipiell Groupware als Mittel zur Unterstützung weitgehend unstrukturierter Prozesse und Workflow-Management zur Unterstützung von Vorgängen, die eine gut definierte Struktur aufweisen und bei denen Bearbeitungsfolgen und Bearbeiter eindeutig festgelegt sind.

Um beiden Ansichten Rechnung zu tragen, habe ich mich dazu entschlossen, Workflow-Management im Rahmen der Funktionalität von Groupware einerseits hier der Vollständigkeit halber aufzuführen, andererseits jedoch die recht umfangreiche Thematik eigenständig im Kapitel 3 zu behandeln.

2.4 Organisatorische Voraussetzungen

In den vorherigen Unterkapiteln wurde verdeutlicht, welche Arten von Groupware existieren und es wurde anschaulich aufgezeigt, über welche Funktionalität Groupwareanwendungen verfügen[4]. Allein durch den unvorbereiteten Einsatz von Groupwareapplikationen läßt sich der gewünschte Erfolg jedoch mit Sicherheit nicht erzielen. Um Groupware sinnvoll einzusetzen ist eine Integration in die Organisationsstruktur und in die Arbeitsabläufe des Unternehmens erforderlich.

Die folgenden zwei Abschnitte beschreiben die für diese Aufgabe notwendigen organisatorischen Voraussetzungen und geben zunächst einen allgemeinen Einblick in gruppenorientierte Organisationsformen um anschließend die für Groupware förderliche, sich in letzter Zeit verstärkt durchsetzende, Teamorganisation näher zu betrachten.

---

[1] vgl. dazu den Abschnitt 2.1.3 (Definitionen).
[2] z.B. [13], [62] und [69].
[3] z.B. [27], [31], [41] und [90].
[4] vgl. dazu die Unterkapitel 2.2 (Klassifikation) und 2.3 (Funktionalität).

2.4.1 Gruppenorientierte Organisationsformen

Für den Einsatz von Groupware als Werkzeug für die Zusammenarbeit in der Gruppe sind gruppenorientierte Organisationsformen besonders wichtig. Man unterscheidet hier zwischen Projektorganisation, Gremienorganisation, teilautonomen Arbeitsgruppen, Qualitätsgruppen und dem Kollegialmodell[1].

Während zur Lösung repititiver Routineaufgaben meist hierarchische Organisationsformen gut geeignet sind, wird bei komplexen, neuartigen und zeitlich befristeten Aufgaben oft eine *Projektorganisation* (auch „Projektteam" [71], „Teamorganisation" [13] oder „Team" [69]) gegründet. Die Mitglieder dieses Teams können sich aus unterschiedlichen Hierarchien des eigenen Unternehmens, aber auch aus externen Unternehmen zusammensetzen. Für die Dauer des Projekts besitzt die Projektleitung die Kompetenz und die Verantwortung für die Aufgabenerfüllung gegenüber dem Auftraggeber. Es existieren zwei Grundtypen der Projektorganisation. Bei der reinen Projektteamorganisation besitzt der Projektleiter die volle Weisungsbefugnis gegenüber den Teammitgliedern während ihre Linienvorgesetzten weiterhin die disziplinarische Verantwortung tragen. Bei der Matrix-Projektorganisation besitzt die Projektleitung die Kompetenz für die Planung und Kontrolle der Projektaufgabe, während sie sich für deren Durchführung der Ressourcen der Linie bedient. Oftmals wird die zweite Form in der Industrie im Bereich Forschung und Entwicklung eingesetzt. Neben diesen beiden Grundtypen existieren noch zahlreiche Mischformen der Projektorganisation. Der Abschnitt 2.4.2 beschäftigt sich näher mit dieser für Groupware grundlegenden Organisationsform.

Bei der *Gremienorganisation* wird wie bei der Projektorganisation einer Personengruppe eine bestimmte Aufgabe übertragen. Wie bei der Projektorganisation kann eine Aufgabe in einem ad hoc Gremium zeitlich befristet, oder aber, im Gegensatz zur Projektorganisation, auch in einem ständigen Gremium permanent ausgerichtet sein. Ein weiterer Unterschied zur Projektorganisation besteht in der Tatsache, daß die Mitglieder von Gremien in der Regel nicht einen bestimmten Anteil ihrer Arbeitszeit der Aufgabenstellung im Gremium zuordnen.

Teilautonome Arbeitsgruppen versuchen den negativen Folgen der weitgehenden Arbeitsteilung entgegenzuwirken und kommen häufig in der industriellen Fertigung zur Anwendung. Die Arbeitsgruppen bereiten ihre Arbeit selbständig vor, koordinieren diese und teilen sie unter sich auf. Darüber hinaus kann auch eine selbständige Überprüfung und Wartung der Maschinen sowie eine Kontrolle der Arbeitsergebnisse beinhaltet sein. Ziel dieser Organisationsform ist die Humanisierung der Arbeit durch die Übertragung von Entscheidungsbefugnis und Verantwortung sowie Erweiterung von Kontroll- und Tätigkeitsbereichen.

Qualitätsgruppen setzten sich aus Mitarbeitern der Stab-Linien-Organisation zusammen, welche gleichartige Aufgaben verrichten und diese im Detail kennen. Regelmäßige Treffen dienen der Diskussion der Arbeit und dem Erarbeiten von Lösungsansätzen. Nach Vorlage bei einer Entscheidungsinstanz können diese Lösungsansätze dann auch von der Qualitätsgruppe selbständig realisiert werden. Durch die Einbeziehung der Mitarbeiter in den Prozeß der Pla-

---

[1] vgl. [13], [22], [69] und [71].

nung und Kontrolle wird mit Qualitätszirkeln das Ziel verfolgt, die Leistungsfähigkeit des Unternehmens und die Qualität der Arbeit zu verbessern. Der Schwerpunkt der Bemühungen liegt dabei explizit im Bereich Qualität und nicht etwa bei Produktivität oder Kostenreduktion.

Im Gegensatz zu den bisher dargestellten Organisationsformen, welche sich als Ergänzung zur Stab-Linien-Organisation sehen, stellt das von Golembiewski entwickelte *Kollegialmodell* [71] einen Ersatz dieser traditionellen Organisationsform dar. Die Zusammenfassung von Mitarbeitern aus den bisherigen Stab- und Linienstellen soll Konflikte verhindern, die bisher aus der mangelhaften zwischenmenschlichen Beziehung zwischen diesen Stellen entstanden sind. Die Mitarbeiten werden dazu zu „colleague groups" zusammengeführt, welche an einer gemeinsamen Aufgabe arbeiten. Die „colleague groups" sind in hierarchischer Form in „colleague teams" gruppiert. Jedes Team setzt sich dabei aus Leistungseinheiten zusammen, welche die Ausrichtung des Teams an den Organisationszielen vornehmen, sowie aus Unterstützungseinheiten, welche die Ressourcen zur Aufgabenerfüllung bereitstellen. Alle Entscheidungen die mehrere Gruppenmitglieder betreffen werden in Form der Gruppenentscheidung getroffen, während andere Fragen auch von einzelnen Mitgliedern der Gruppe entschieden werden können.

2.4.2 Projektorganisation und Teams

Um den Zusammenhang zwischen Groupware und der Organisationsstruktur genauer untersuchen zu können, muß zunächst eine grundlegende Begriffsbestimmung erfolgen. Die Definition des Begriffs Team von Petrovic lautet: „als Team soll eine weitgehend selbstgesteuerte Gruppe angesehen werden, die von außen gestellte Aufgaben in Form einer kollaborativen oder kooperativen Gruppenarbeit löst" [71]. Die drei wesentlichen Kennzeichen dieser Definition sind dabei

♦ die Selbststeuerung,
♦ die von außen gestellten Aufgaben sowie
♦ die kollaborative oder kooperative Gruppenarbeit.

Die *Selbststeuerung* beinhaltet dabei Gruppen-Autonomie. Diese Autonomie reicht von der individuellen Entscheidung des Gruppenmitglieds, wie es seine Aufgaben ausführt, über die Entscheidung der Gruppe, wie intern die Aufgaben verteilt werden, bis hin zur Festlegung von Raum und Zeit der Aufgabenerledigung. Die *von außen gestellten Aufgaben* bewirken, daß neben individuellen ökonomischen und sozialen Zielen der Gruppenmitglieder auch die Ziele der Gesamtorganisation erfüllt werden, in welche die Teams eingebettet sind. Dies bedingt jedoch eine zumindest partielle Übereinstimmung zwischen den Gruppenmitgliedern und der Organisation. Die *kollaborative oder kooperative Gruppenarbeit* ist durch die Integration individueller Arbeitsergebnisse der Gruppenmitglieder im Hinblick auf das Erreichen der gestellten Aufgabe gekennzeichnet. Die Gruppenarbeit kann nach dem Ausmaß der Integration in Informationsaustausch, Koordination, Kollaboration und Kooperation differenziert werden.

Eine andere, von Dier und Lautenbacher stammende, Definition umschreibt den Begriff Team als „eine Gruppe von zwei oder mehr Personen, die miteinander dynamisch und wechselseitig abhängig in Beziehung treten, um ein gemeinsames Ziel zu erreichen. Jedes Mitglied hat dabei eine spezifische Rolle oder Funktion zu erfüllen. Die Lebensdauer von Teams ist zeitlich begrenzt und kann von mehreren Stunden (Flugzeugcrew oder Operationsteam) bis hin zu einigen Wochen oder längeren Zeitperioden reichen" [13].

Der zentrale Punkt dieser Definition ist, daß zum Erreichen von Zielen die folgenden Bedingungen erfüllt sein müssen:

- ♦ der dynamische Austausch von Informationen und Ressourcen zwischen den Teammitgliedern,
- ♦ die Delegation und Koordination der einzelnen Aufgaben zur Zielerfüllung,
- ♦ eine konstante Einstellung der einzelnen Teammitglieder zur Aufgabe sowie
- ♦ eine gewisse Organisationsstruktur der Mitglieder.

Bei der Projektorganisation lassen sich grundsätzlich zwei Formen der Zusammenarbeit unterscheiden: die *quasi-formellen Arbeitsgruppen* sowie *ad-hoc Teams*.

Die *quasi-formellen Arbeitsgruppen* verfügen über eine nahezu unbegrenzte Zeitdauer, gleichbleibende Aufgaben und relativ routinierte Beziehungsgeflechte innerhalb der Organisation. Die Mitglieder arbeiten meist in räumlicher Nähe zueinander, was persönliche Beziehungen innerhalb der Gruppe zur Folge hat. Es entwickeln sich gruppenspezifische Rollen und Verhaltensweisen, welche auch die Kommunikation beeinflussen. Üblicherweise wird bei dieser Form der Zusammenarbeit auf Hilfsmittel wie beispielsweise Verteilerlisten, regelmäßige Besprechungen und Protokolle zurückgegriffen. Die geprägten gruppenspezifischen Verhaltensweisen verstärken sich mit der Zeit zunehmend und die Kommunikation über die Art und Weise des Arbeitens sinkt zu Gunsten der Kommunikation über den Arbeitsinhalt [108].

Oft sind in Unternehmen die oben beschriebenen Arbeitsgruppen anzutreffen. Um jedoch flexibel auf die Anforderungen der Gegenwart zu reagieren bedarf es dem Zusammenwirken von *ad-hoc Teams* [13]. Diese Teamorganisation erlaubt es der Unternehmung kurzfristig und flexibel auf Veränderungen der Umwelt zu reagieren. Es wird dabei auf das gesamte im Unternehmen vorhandene Expertenwissen zurückgegriffen, unabhängig davon wo es sich befindet.

„Ad-hoc Teams bilden sich für ein spezielles Ziel, sind aufgabenorientiert und bestehen aus Mitgliedern, die normalerweise nicht zusammenarbeiten würden. Nach Beendigung ihrer Aufgabe lösen sich ad-hoc Teams zumeist wieder auf" [13].

Diese Organisationsform vereinigt das für ein spezielles Ziel notwendige Wissen unter Umgehung von hierarchischen Hindernissen. Durch Ausrichten der Unternehmung auf den Teamgedanken werden einzelne Positionen und Abteilungsdenken immer unwichtiger. Das Ergebnis tritt in den Vordergrund. Durch diese neue Organisationsform entstehen jedoch auch neue organisatorische Probleme:

- ◆ bedingt durch die Tatsache, daß Teammitglieder nicht am selben Ort arbeiten, wird eventuell eine Kommunikation über eine weite Strecke erforderlich,
- ◆ da gewachsene Gruppenstrukturen fehlen, müssen sich erst neue Regeln und Gewohnheiten sowie neue Strukturen des Informationsaustausches herausbilden,
- ◆ die Ziele sind sehr kurzfristig zu erreichen und werden dadurch meist höher bewertet als der Prozeß der Teamentwicklung.

Vergleicht man nun diese neuen organisatorischen Probleme mit dem Funktionalitätsangebot von Groupware[1] so läßt sich feststellen, daß Groupwareapplikationen zur Lösung dieser Probleme geradezu prädestiniert sind. Electronic Mail, Computer Conferencing, Electronic Meeting sowie Dokumentenmanagement eignen sich insbesondere zur Unterstützung dieser Organisationsform hervorragend.

2.5 Wirtschaftlichkeitsbetrachtungen

Wenn in einem Unternehmen über die Einführung neuer Methoden, Techniken oder Anlagen entschieden werden soll, dann spielen Wirtschaftlichkeitsberechnungen zur Gewährleistung, daß die oft enormen Investitionen auch tatsächlich gerechtfertigt sind, meist eine tragende Rolle. Da der Einsatz von Groupware aber nicht nur die Einführung neuer Hardware und Software, sondern oft auch die Umstrukturierung von Geschäftsprozessen bis hin zur Veränderung der Unternehmenskultur zur Folge hat, sind die Betrachtungen zu Kosten und Nutzen oft von zu vielen unbekannten Variablen abhängig und damit als Entscheidungsgrundlage nur begrenzt geeignet.

Die folgenden Abschnitte sollen die Gründe für die Schwierigkeiten in der Quantifizierung von Kosten und Nutzen aufzeigen, sowie einen Überblick über die wesentlichen Kostenkomponenten und die wichtigsten Aspekte des Nutzens geben. Für die Kostenkomponenten wird gleichzeitig ein Klassifizierungsschema vorgestellt, welches die Einteilung der entstehenden Kosten in drei Kategorien erlaubt.

---

[1] vgl. dazu Unterkapitel 2.3 (Funktionalität).

2.5.1 Probleme der Quantifizierung

Beim Versuch, die Wirtschaftlichkeit von Groupware zu untersuchen, stößt man auf Schwierigkeiten, welche über die Probleme des Managements der Wirtschaftlichkeit traditioneller Informationstechnologie hinausgehen. Während dort die Kosteneinsparung durch Rationalisierung betrachtet wird, besteht der Hauptvorteil von Groupware in der Nutzensteigerung. Diese Nutzensteigerungen lassen sich jedoch oft nur qualitativ und nicht in betriebswirtschaftlich rechenbaren Größen darstellen. Zur Berechnung der Wirtschaftlichkeit kann entweder ein traditionelles kaufmännisches Modell benutzt werden, welche allerdings den bedeutenden qualitativen Nutzen vernachlässigen, oder die qualitativen Effekte werden in die Berechnung mit einbezogen, was allerdings zu wenig exakten und oft auch wenig überzeugenden Ergebnissen führt.

Petrovic nennt fünf besondere Schwierigkeiten bei der Betrachtung der Wirtschaftlichkeit von Workgroup Computing [71]:

♦ es existieren kaum Erfahrungswerte mit Workgroup Computing,
♦ durch den Einsatz von Workgroup Computing werden neue Arbeitsabläufe geschaffen,
♦ die Evaluierung von Workgroup Computing kann nur in Gruppen über einen längeren Zeitraum erfolgen,
♦ es ist eine kritische Anzahl von Benutzern notwendig und
♦ der Gesamtnutzen muß berücksichtigt werden.

Bei Groupware handelt es sich um eine relativ neue Technologie, welche erst durch die immer leistungsfähigere Hardware sowie die zunehmende Vernetzung von bisher alleinstehenden Personal Computern möglich geworden ist. Zwar sind inzwischen, je nach Anwendungsgebiet, bereits einige Installationen erfolgt, welche aber in der Regel für allgemeine Kosten-Nutzen-Betrachtungen nicht ausreichen. Es existieren daher noch *keine Erfahrungswerte* bezüglich der Wirtschaftlichkeit.

Mit Hilfe der bisherigen Informationstechnologie wurde üblicherweise versucht, Arbeitsabläufe, welche bisher ohne oder nur mit unzureichender IT-Unterstützung durchgeführt wurden, zu automatisieren. Wirtschaftlichkeitsbetrachtungen waren hier möglich, da das Ergebnis des Arbeitsablaufs meist nicht verändert wurde. Beim Einsatz von Groupware besteht ein Hauptziel in der Nutzung neuer Möglichkeiten der Kooperation. *Es werden neue Arbeitsabläufe geschaffen* und es ergibt sich ein qualitativer Nutzen in Form von „besseren" Ergebnissen. Leider wird dadurch ein Wirtschaftlichkeitsvergleich erschwert.

In die Anwendung von Groupware ist stets eine ganze Gruppe eingebunden. Traditionelle DV-Anwendungen lassen sich leicht mit Hilfe von Einzelpersonen untersuchen, was bei Groupware durch die Unterstützung eines ganzen Teams nicht möglich ist. Um nun die Auswirkungen des Groupwareeinsatzes zu untersuchen ist es erforderlich *die ganze Gruppe über einen längeren Zeitraum* zu untersuchen. Beispielsweise greift Groupware durch ein netzwerkartiges Kommunikationssystem in bisher hierarchisch strukturierte Kommunikationswege ein, was massive Auswirkungen auf das politische Machtsystem eines Unternehmens hat.

Die *Notwendigkeit einer kritischen Anzahl von Benutzern* ist deshalb gegeben, weil Groupwareanwendungen oft erst dann sinnvoll beurteilt werden können, wenn ein großer Teil der Personen, welche im Sinne einer gemeinsamen Arbeit miteinander in Beziehung stehen, Zugang zu Groupwareapplikationen haben. Susanna Opper nennt dies „the critical mass" [69]. Wird diese Anzahl nicht erreicht, so ist weder der sinnvolle Einsatz von Groupware noch dessen Wirtschaftlichkeitsbeurteilung möglich.

Abschließend läßt sich der *Gesamtnutzen* von Groupware auch nicht durch die Summe aller Einzelnutzen berechnen. Vielmehr muß der Gesamtnutzen für das ganze Unternehmen berücksichtigt werden. Oft ist bei Groupwareanwendungen (z.B. ein Diskussionsforum über potentielle Geschäftsbereiche) auch gar kein Einzelnutzen erkennbar, was Betrachtungen zur Wirtschaftlichkeit verstärkt erschwert.

Dier und Lautenbacher [13] nennen ähnliche Beispiele für die nicht-quantifizierbaren Groupware-Kosten und Nutzen:

- es sind in vielen Unternehmen keine geeigneten kostenrechnerischen Instrumente vorhanden, um die benötigten Daten auch adäquat zu erfassen,
- die Vorteile liegen im einzelnen unter der Meßbarkeitsgrenze, treten aber gleichzeitig in sehr vielen Aktivitäten und Prozessen auf, so daß sie sich trotz ihres respektablen Gesamtvolumens einer konkreten Meßbarkeit entziehen,
- es fehlen Vergleichsdaten „before Groupware", da Groupware kein Substitut für vorhandene informationstechnische Systeme darstellt, sondern völlig neue Funktionen wahrnimmt,
- die unterstützten Aktivitäten und Prozesse werden von zu vielen unabhängigen Variablen beeinflußt, die bezüglich Kosten und Nutzen von Groupware einen zuverlässigen Ursache-Wirkungs-Zusammenhang nicht ermöglichen,
- die Begleitumstände (Reorganisation, Umweltsituation, etc.) haben sich während der Implementierung verändert, beeinträchtigen die Vergleichbarkeit und erschweren die Interpretation der vorliegenden Daten und
- die Implementierung befindet sich in den meisten Unternehmen in einer frühen Phase, die eine Formulierung aussagekräftiger und ausreichend fundierter Ergebnisse nicht erlaubt.

2.5.2 Kostenkomponenten

Beim Einsatz einer neuen Technologie stellt sich stets die Frage nach den Kosten. Wie im vorherigen Abschnitt bereits angeführt wurde, sind diese aber nicht immer leicht quantifizierbar. Oft werden daher relevante Kostenkomponenten vernachlässigt oder viel zu niedrig geschätzt. Susanna Opper [69] vergleicht die Frage nach den Kosten von Groupware mit der Frage nach den Kosten eines Autos, die je nach Einsatzzweck und Auswahl des Produktes in der Anschaffung und im Betrieb unterschiedlich hoch sein können.

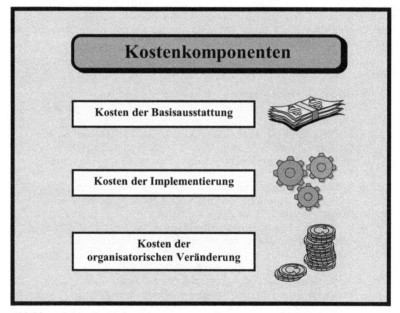

Abbildung 2.14: Kostenkomponenten einer Groupwareeinführung

Wie Abbildung 2.14 zeigt, lassen sich die Kosten von Groupware grundsätzlich in die drei Bereiche Basisausstattung, Implementierung und organisatorische Veränderung untergliedern.

Im Bereich *Basisausstattung* werden Kosten als solche auch am ehesten wahrgenommen. Zu dieser Kostenkomponente zählen die Aufwendungen für Hardware (Workstations, Server und Netzwerkkomponenten), Software sowie ggf. die Kosten für Anwendungsentwicklungen im Rahmen firmenspezifischer Softwaremodifikationen oder -erweiterungen. Die Höhe dieses Kostenblocks hängt wesentlich von der im Unternehmen bereits vorhandenen DV-Infrastruktur ab. Je nach Nutzungsmöglichkeit bestehender Netzwerktopologien und Hardware werden hier der Groupwareeinführung auch Kosten zugerechnet, welche eigentlich gar nicht ausschließlich für Groupware entstanden sind. Mit der zunehmenden Komplexität der von vielen Groupwareapplikationen zur Verfügung gestellten Programmierschnittstellen nimmt auch der Aufwand für firmenspezifische Anpassungen drastisch zu. Kann ein Groupwarepaket nicht unverändert zum Einsatz kommen, so dürfen die Kosten für die Anwendungsentwicklung nicht unterschätzt werden.

Zur Kostenkomponente *Implementierung* gehören sämtliche Kosten, die aufgrund der Installation bzw. Integration in die vorhandene DV-Infrastruktur entstehen. Weiterhin sind dieser Kostenkomponente die Aufwendungen für die Schulung und Betreuung der Endbenutzer sowie Aufwendungen zum Service und zur Administration zuzuordnen.

Zum Bereich der *organisatorischen Veränderungen* werden schließlich Kosten gezählt, die durch Reengineering der Arbeitsprozesse, Gestaltung von Anreizsystemen und Veränderung der Unternehmenskultur entstehen. Diese Kosten sind nur sehr schwer quantitativ faßbar und auch nicht ausschließlich auf die Einführung von Groupware zurückzuführen bzw. dieser zuzuordnen. Im Rahmen der Unterteilung von Implementierungskosten in direkte und indirekte Kosten der Implementierung können diese auch dem zweitgenannten Bereich zugeordnet werden [13]. Hier ist auch noch eine weitere Detaillierung möglich.

Eine andere Einteilung der Kostenblöcke stellt die Gruppierung in die drei Kostenbereiche Arbeitsplatz, IT-Abteilung und Anwender dar. Dabei werden dem Arbeitsplatz die Kosten des Personal Computers bzw. Terminals, Netzanschlusses, Arbeitsplatzdruckers und der Groupware zugeordnet. Der Kostenbereich IT-Abteilung besteht aus den Kosten der Infrastruktur (Netzwerke, Telekommunikation, zentrale Rechenleistung, Peripherie und Gruppen-Wissensbasis), des Groupware-Lebenszyklus (Entwicklung, Betrieb, Wartung) sowie dem Support. Der letzte Kostenblock, welcher dem Anwender zugeordnet wird, besteht aus Groupware-Anpassung, Ausbildung, Durchlaufen der Lernkurve sowie der Nutzung.

Abschließend darf bei der Betrachtung der entstehenden Kosten nicht vergessen werden, daß diese bei der erstmaligen Einführung von Groupware bedeutend höher sind, als wenn im Unternehmen bereits mehrere Installationen vorhanden sind. Dies ist zum einen durch die Möglichkeit, auf vorhandene Erfahrungen der Installation zurückzugreifen, zu begründen und zum anderen durch das Vorhandensein von DV-Infrastrukturen (insbesondere im LAN-Bereich) erklärbar. Da die Einführung von Groupware in bestimmten Phasen[1] vollzogen wird dürfen Kosten aus frühen Phasen nicht ungeprüft auf Vorkalkulationen einer späteren Phase angewendet werden.

---

[1] vgl. dazu „preparing the pilots" und „running the pilots" in [69].

2.5.3 Nutzen von Groupware

Bereits bei der Darstellung der Funktionalität von Groupwareprodukten[1] wurde innerhalb der jeweiligen Kategorien auf durch den Einsatz mögliche Nutzeneffekte hingewiesen. In diesem Abschnitt soll daher nicht auf den Nutzen einzelner Groupwareapplikationen sondern vielmehr auf den Nutzen von Groupware allgemein sowie auf Gesamtnutzeneffekte einge-gangen werden.

Eine Umfrage unter den führenden 1000 amerikanischen Unternehmen zeigte die in Ab-bildung 2.15 dargestellten, sieben wesentlichen Vorteile für den Einsatz von Groupware [50]. Als sehr wichtig wurden der unternehmensweite Datenaustausch, die Steigerung der Produk-tivität sowie die Senkung von Kosten bezeichnet.

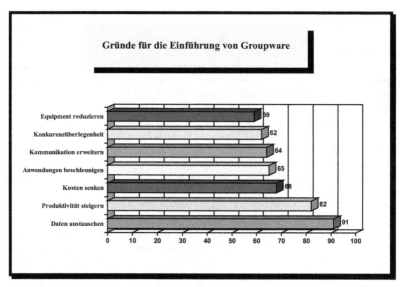

Abbildung 2.15: Umfrage über Einführungsgründe von Groupware

Nimmt man eine Unterteilung der Nutzenaspekte von Groupware vor, so sind mehrere Ansätze denkbar: die Einteilung bezüglich unternehmensinterner, extern-operativer und ex-tern-strategischer Dimension des Nutzens [71], eine Einteilung in Kommunikation, Innovati-

---

[1] vgl. dazu Unterkapitel 2.3 (Funktionalität).

on, Organisation und externe Kontakte [13] oder die Einteilung in Zeitersparnis, Entscheidungsbildung und Informationsfluß [69].

- ◆ Allgemeine Verbesserung der Qualität der Teamarbeit durch Unterstützung der Kommunikation und Koordination von Gruppen

- ◆ Unabhängigkeit vom physischen Aufenthaltsort der Projektmitglieder, deren Anwesenheit und Arbeitszeiten

- ◆ Bessere Nutzung des vorhandenen Wissens im Unternehmen und leichtere Einbindung von Spezialisten in vorhandene Fragestellungen.

- ◆ Effiziente und kontinuierliche bereichsübergreifende Zusammenarbeit sowie Förderung von fachlicher Kommunikation außerhalb der eigentlichen hierarchischen Organisation des Unternehmens

- ◆ Reduktion von Besprechungen bezüglich Anzahl und Zeitdauer

- ◆ Neue Innovationen durch koordinierten Austausch von Ideen, Konzepten und Vorschlägen sowie deren strukturierte Verwaltung und Bearbeitung

- ◆ Verkürzung und Verbesserung von Entscheidungsprozessen

- ◆ Verkürzung und qualitative Verbesserung der Kommunikation

- ◆ Vereinfachung und Automatisierung von Routineaufgaben

- ◆ Einschränkung der Informationsflut, gezieltes Auffinden von benötigten Informationen und Nutzung von Synergieeffekten im Unternehmen

- ◆ Verbesserung der Partnerkontakte (Kunden / Lieferanten) durch mehr Partnerinformationen und schnellere Formen der Kommunikation

Abbildung 2.16: Ausgewählte Nutzenaspekte von Groupware

Die unternehmensinterne Nutzendimension besteht aus internen Aufgaben, welche weder in direkten Zusammenhang mit externen Partnern (Kunden, Lieferanten) noch im Zusammenhang mit eigenen Produkten stehen. Beispiele sind hier die Abwicklung von Spesen oder ein Diskussionsforum für innerbetriebliche Verbesserungsvorschläge. Es läßt sich hier noch zwischen direkten Nutzeneffekten (z.B. Einsparung von Reisekosten) und indirekten Nutzeneffekten (z.B. Erhöhung der Zufriedenheit eines Meetings) unterscheiden. Die externe Dimension des Nutzens steht in direktem Zusammenhang mit Kunden und Lieferanten sowie den eigenen Produkten und Dienstleistungen. Dabei versteht man unter extern-operativem Nutzen den Nutzen, der aus der Tätigkeit zur unmittelbaren Erreichung der Unternehmensziele resultiert, beispielsweise der Verkauf der erzeugten Produkte. Die extern-strategische Nutzendimension läßt sich in die Veränderung der Marktstrukturen, Schaffung von Wettbewerbsvorteilen und die Schaffung neuer Geschäftsfelder einteilen.

Die Bestandteile der anderen vorstehend aufgeführten Ansätze zur Unterteilung der Nutzenaspekte sind durch gute Wahl der jeweiligen Kategoriebegriffe unmittelbar einsichtig und bedürfen daher keiner weiteren Erläuterung. In Abbildung 2.16 habe ich versucht, die zahlreichen Nutzenaspekte, welche von den einschlägigen Autoren[1] auf diesem Gebiet genannt wurden, zu vereinheitlichen und zu einem knappen Dutzend essentieller Vorteile übersichtsartig zusammenzufassen.

Wie schon bei den Problemen der Quantifizierung[2] erwähnt, läßt sich der Gesamtnutzen aber nicht als Summe der Einzelnutzen ermitteln, sondern muß immer im Kontext der gesamten Unternehmung betrachtet werden. Das Nutzenpotential der Einzelnutzen läßt aber durchaus erkennen, daß dem Einsatz von Groupware in den nächsten Jahren eine erhebliche strategische Bedeutung zukommen wird.

---

[1] u.a. von [13], [25], [26], [31], [41], [51], [52], [57], [69], [71] und [108].
[2] vgl. dazu Abschnitt 2.5.1 (Probleme der Quantifizierung).

Kapitel 3

WORKFLOW - MANAGEMENT

Bereits im Kapitel Groupware wurde darauf hingewiesen, daß es für Workflow-Management unterschiedliche Klassifizierungsschemata gibt. Während Workflow-Management einerseits zum Bereich der Groupwareapplikationen gezählt wird[1] existiert andererseits auch die Meinung, daß die Unterstützung weitgehend strukturierter Prozesse mit bekannten Bearbeitungsfolgen und Bearbeitern isoliert von Groupware, welche typischerweise unstrukturierte Prozesse unterstützt, zu betrachten ist. Um beide Ansichten zu berücksichtigen wird Workflow-Management hier zwar getrennt behandelt, gleichzeitig aber als eigenständige Funktionalität einer Groupwareapplikation[2] aufgeführt.

Unabhängig von diesen Aspekten der Klassifizierung stellt Workflow-Management keine grundsätzlich neuen Funktionalitätsanforderungen an die Normen X.400 und X.500, die nicht auch bei Groupwareapplikationen[3] entstehen. Es genügt daher in diesem Kapitel Workflow-Management überblicksartig mit ausgewählten Komponenten vorzustellen und auf die Thematik nicht in Tiefe einzugehen.

Unterkapitel 3.1 behandelt die Grundlagen von Workflow-Management. Es wird eine Begriffsbestimmung durchgeführt; typische Phasen werden erläutert. Im darauffolgenden Unterkapitel wird die Anwendung von Workflow-Management vorgestellt. Dabei werden insbesondere Einsatzbereiche im Rahmen der strategischen, taktischen und operativen Ebene gezeigt sowie die informationstechnologische Unterstützung und die Anwendung in der Praxis behandelt.

---

[1] vgl. dazu Kapitel 2, insbesondere Abschnitt 2.3.11 (Workflow-Management).
[2] in Unterkapitel 2.3 (Funktionalität).
[3] im Sinne der in Unterkapitel 2.3 vorgestellten Funktionalitäten.

3.1 Grundlagen

Für Workflow-Management, insbesondere für die Phasen der Analyse, Modellierung und Simulation, existieren detaillierte Grundlagenmodelle und auch Ansätze aus dem Bereich der Mathematik und der formalen Spezifikationen, beispielsweise Lebendigkeiten oder Petri-Netze zur Modellierungsunterstützung. In diesem Unterkapitel soll jedoch nicht auf diese theoretischen Modelle, welche bei Interesse in zahlreichen Veröffentlichungen nachgelesen werden können, eingegangen werden, sondern eher pragmatische Definitionen und Schemata vorgestellt werden.

Im Abschnitt 3.1.1 wird dazu zunächst eine Begriffsbestimmung durchgeführt. Im Anschluß daran werden im Abschnitt 3.1.2 die für Workflow-Management typischen Phasen vorgestellt.

3.1.1 Begriffsbestimmung

Im Zusammenhang mit Workflow-Management werden synonym oder als Bezeichnung einer Teilmenge häufig auch die Begriffe Workflow Processing, Workflow Automation, Dokumentenmanagement, elektronische Dokumentenbearbeitung, elektronische Vorgangsbearbeitung oder integrierte Vorgangsbearbeitung verwendet. Diese Begriffe stehen untereinander in folgender Verbindung: Element aller Vorgänge ist das Dokument. Die Erzeugung, Weiterverarbeitung, Bearbeitung und Ablage des Dokuments stellt einen Vorgang dar. Innerhalb des Vorgangs wird die Bearbeitung der Dokumente „gemanagt", daher die Bezeichnung Dokumentenmanagement. Ein weiteres Element des Vorgangs ist der Mensch als Bearbeiter. Die Vorgangssteuerung ist also das Instrument, welches die Abfolge der Bearbeitung des Dokuments unter Beteiligung des Bearbeiters steuert. Der Begriff Workflow-Management umfaßt die vorstehenden Bereiche und gilt somit als Oberbegriff [90].

Neben den unterschiedlichen Bezeichnungen wird aber, analog zu Groupware[1], der Begriff Workflow-Management auch unterschiedlich definiert. Abbildung 3.1 gibt einen Überblick über einige Definitionen.

---

[1] vgl. Kapitel 2 (Groupware).

Autor	Definition
Schimansky-Geier, Dagmar	„Workflow Management [...] unterstützt [...] Vorgänge, die eine gut definierte Struktur aufweisen und bei denen Bearbeitungsfolgen und Bearbeiter eindeutig festgelegt sind. [...] Im Mittelpunkt von Workflow-Management stehen das Dokument und der Vorgang" [90].
Storp, Hartmut	„Workflow-Management ist der Einsatz von Methoden und Werkzeugen zur Gestaltung von Büro-Arbeitsprozessen und ihrer Steuerung mittels rechnergestützter Verfahren der Ablaufsteuerung. Damit ist Workflow-Management ein (permanenter) Prozeß mit dem Ziel einer kooperativen Sachbearbeitung in privaten und öffentlichen Verwaltungen" [97].
Hasenkamp, Ulrich Syring, Michael	„Die Bezeichnung 'Workflow' steht für arbeitsteilige Prozesse, die zur Abwicklung von Geschäftsvorfällen initiiert werden" [33].
Karl, Renate	„Workflow-Management ist aktiv [...] und kann Routineaufgaben und immer wiederkehrende Abläufe selbständig übernehmen, steuern und überwachen [47].
Heilmann, Heidi	„Workflow Management wird [...] als Kombination von Modellierung, Analyse und Simulation, Steuerung und Protokollierung beliebiger Geschäftsprozesse verschiedenen Detailierungsgrads beschrieben" [34].
Hilpert, Wolfgang	„Durch Workflow Management werden papierintensive, sich wiederholende Prozesse, die unterschiedliche Informationsquellen nutzen, automatisiert [24].

Abbildung 3.1: Definitionen des Begriffes Workflow-Management

Ergänzend zu den Workflow-Management Definitionen in Abbildung 3.1 wird „als Workflow, Geschäftsprozeß oder Vorgang [...] ein abgrenzbarer, meist arbeitsteiliger Prozeß bezeichnet, der zur Erstellung oder Verwertung betrieblicher Leistung führt" [34].

3.1.2 Die Phasen des Workflow-Managements

Workflow-Management wird typischerweise in bestimmten Phasen vollzogen. Begonnen wird mit der IST-Modellierung eines bereits existierenden Vorgangstyps. Dieser wird anschließend auf seine Stärken und Schwächen untersucht und mit Hilfe von Simulation und Animation überprüft. Aufbauend auf die Ergebnisse der Überprüfung sowie auf Vorgaben einer evtl. unternehmenseinheitlichen Vorgangsreorganisationsstrategie wird eine SOLL-Modellierung durchgeführt. Hier bieten sich Möglichkeiten der graphischen Unterstützung an. Der Teilzyklus Modellierung/Analyse wird dabei so oft durchlaufen, bis ein ausreichend optimierter Vorgangstyp vorliegt, wobei der Aufwand im Wesentlichen von den Attributen des Vorgangs und dessen Relevanz abhängt.

Mit dem neu modellierten Vorgangstyp erfolgt die Steuerung von Vorgangsexemplaren. Von berechtigten Bearbeitern können dabei Informationen abgefragt und Eingriffe vorgenommen werden. Das Vorgangsexemplar wird in seinem Ablauf protokolliert. Erhoben werden dabei u.a. auch die Bearbeitungszeiten je Vorgangsschritt und Bearbeiter. Insbesondere bei geringem Detaillierungsgrad von Vorgangstypen sind nicht nur die Mittelwerte sondern auch die Varianzen von Bedeutung [34]. Diese Daten finden in einer erneuten Analyse sowie in Revisionen Verwendung.

Die einzelnen Phasen des Workflow-Managements, insbesondere Animation und Simulation, werden häufig nicht alle durchlaufen, und auf mehrfache Optimierungsversuche wird in der Praxis ebenfalls oft verzichtet. Manche Workflow-Management-Systeme unterstützen nicht alle dargestellten Phasen und sind hauptsächlich auf die Steuerung ausgerichtet.

3.2   Anwendung von Workflow-Management

Die Anwendung von Workflow-Management kann auf unterschiedlichen Ebenen und mit verschiedenen DV-technischen Komponenten erfolgen. In Abhängigkeit der verschiedenen Ebenen werden damit unterschiedliche Ziele verfolgt und in einem mit von der DV-technischen Unterstützung abhängigen Aufwand besser oder schlechter erreicht. Es zeigt sich aber, daß in der Praxis noch kein breiter Einsatz von Workflow-Management-Systemen stattfindet.

Im Abschnitt 3.2.1 werden die Einsatzbereiche des Workflow-Managements vorgestellt, Abschnitt 3.2.2 behandelt die informationstechnologische Unterstützung und der Abschnitt 3.2.3 stellt statistisches Material über die Anwendung in der Praxis vor.

3.2.1 Einsatzbereiche

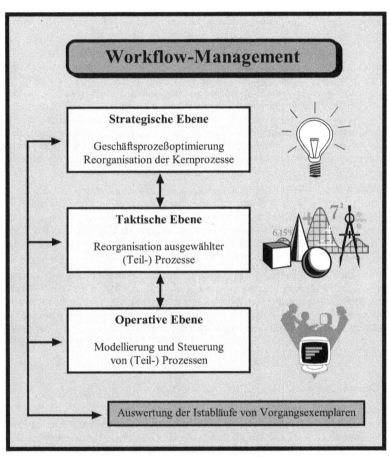

Abbildung 3.2: Die drei Ebenen des Workflow-Managements

Die Anwendung von Workflow-Management kann, wie Abbildung 3.2[1] zeigt, im Bereich der operativen, taktischen oder strategischen Ebene erfolgen. Ablauf- und Aufbauorganisation werden dabei auf allen drei Ebenen durch die Analyse und Neumodellierung von Vorgangs-typen beeinflußt. Die strategische und teilweise auch die taktische Ebene befassen sich mit der Steigerung der Effektivität während bei der operativen Ebene die Effizienz im Vorder-grund steht.

Der *strategischen Ebene* werden Business Process Reengineering (BPR), Business Reengineering (BRE), Redesign sowie Konzepte wie beispielsweise Lean Management zuge-ordnet. Das Hauptziel besteht darin, die Prozesse des Unternehmens die für die Erfüllung der kritischen Erfolgsfaktoren zuständig sind neu zu organisieren, auf veränderte Wettbewerbssi-tuationen auszurichten sowie zeit- und kostenbezogen zu straffen. Während Business Process Reengineering sich auf die ganzheitliche Neugestaltung eines einzelnen produktiven Prozes-ses, beispielsweise der Auftragsabwicklung oder der Kundenbetreuung konzentriert, zielt Bu-siness Reengineering auf die Neugestaltung eines gesamten Unternehmens aus der Perspekti-ve des informationsorientierten Managements [70]. Es geht bei BRE um die optimierende Koordinierung aller im Unternehmen ablaufenden produktiven Prozese.

Die Modellierung, Analyse und Reorganisation von Kernprozessen und den sie unter-stützenden Nebenprozessen wird auf der *taktischen Ebene* durchgeführt. Zu den zeit- und kostenbezogenen Zielen können hier auch die Erhöhung der Flexibilität für Prozesse mit ho-her Dynamik oder eine Veränderung des Arbeitsteilungsgrades angestrebt werden. Die Ziele werden dabei entweder aus den Attributen des zu untersuchenden Prozesses oder an den be-kannten Schwachstellen der bestehenden Organisation abgeleitet.

Ausgewählte, überschaubare Prozesse werden auf der *operativen Ebene* als Vorgangsty-pen modelliert, analysiert, verbessert und im Tagesgeschäft durch ein Workflow-Management-System gesteuert. Die Mitarbeiter werden dabei von Routineaufgaben entlastet und es entstehen einheitliche, personenunabhängige, weniger fehleranfällige Prozesse. Vorge-setzte können durch Modifikationen der Vorgangsexemplare die Auslastung der Bearbeiter steuern und diese auch bezüglich Termineinhaltungen und Leerlaufzeiten überwachen.

3.2.2 Informationstechnologische Unterstützung

Die ideale informationstechnologische Unterstützung wird durch ein Softwarepaket er-reicht, welches alle Phasen des Workflow-Managements unterstützt und unter unterschiedli-chen Betriebssystemen und Hardwareplattformen eingesetzt werden kann. Es sollte dabei möglich sein, Vorgangstypen beliebig fein zu strukturieren und Subprozesse in neuen Vor-gangstypen zu verwenden. Simulationen müssen mit einer Vielzahl von frei wählbaren Para-metern in der Lage sein, die Realität möglichst genau abzubilden. Software, welche zur Ab-

---

[1] in Anlehnung an [34].

wicklung bestimmter Vorgangsschritte erforderlich ist, muß vom Workflow-Management-System aus aufrufbar sein.

Frau Prof. Dr. Heilmann [34] versteht darunter folgende Softwaretypen:

- ◆ arbeitsplatzbezogene Standardsoftware wie beispielsweise Textverarbeitung, Tabellenkalkulation und Grafikpaketen,
- ◆ individuell entwickelte oder vom Softwaremarkt bezogene Anwendungssoftware,
- ◆ Kommunikationssoftware,
- ◆ Dokumenten-Management-Systeme, einschließlich codierter und nicht codierter (nur als Bild gespeicherter und wiederauffindbarer) elektronischer Dokumente sowie
- ◆ Groupware[1], die bei Vorliegen geeigneter Supervorgangstypen[2] auch einbindbar sein sollte.

Es existieren zur informationstechnologischen Unterstützung weiterhin zahlreiche Komponenten über die ein Workflow-Management-System verfügen sollte. Wolfgang Hilpert [37] nennt hier beispielsweise

- ◆ ein Graphical User Interface zur Modellierung des Workflows,
- ◆ eine Datenbankanwendung als Data Dictionary,
- ◆ einen Workflow Monitor,
- ◆ einen Zielapplikations-Generator sowie
- ◆ einen Workflow Simulator.

Die *grafische Benutzeroberfläche zur Modellierung des Workflows* soll dabei einen Knoten- und Kanten-Editor zur Definition der zu bearbeitenden Vorgangsfolgen zur Verfügung stellen. Das grafische Werkzeug soll die Definition direkt in einem Data Dictionary ermöglichen. Die *Datenbankanwendung als Data Dictionary* enthält die Masken und Ansichten für die Auswertung und Auflistung der vorgenommenen Einträge sowie zur Unterstützung der formulargestützten Einträge in das Data Dictionary. Von der Datenbankanwendung wird ebenfalls eine angemessene Zugriffskontrolle erwartet. Der grafische *Workflow Monitor* dient zur Überwachung des Workflows und nutzt sowohl die Einträge im Data Dictionary als auch in der produktiven Datenbank der Zielapplikation um den jeweils aktuellen Zustand des Workflows darzustellen. Eine Komponente des Monitors dient dabei speziell der statistischen Auswertung des Arbeitsdurchsatzes und soll helfen, Engpässe bei der Bearbeitung zu erkennen und zu beseitigen. Der *Zielapplikations-Generator* nutzt die Einträge im Data Dictionary,

---

[1] im Sinne der in Unterkapitel 2.3 vorgestellten Funktionalitäten.

[2] unter „Supervorgangstyp" werden in diesem Zusammenhang Vorgangstypen mit ähnlichen Attributwertekombinationen verstanden, welche zu Typen höherer Ordnung zusammengefaßt werden. [34] unterscheidet beispielsweise in Abhängigkeit von Strukturierungsgrad, Komplexität, Detaillierungsgrad, Arbeitsteilungsgrad, Interprozeßverflechtung, Dynamik pro Zeiteinheit und Anzahl von Vorgangsexemplaren pro Zeiteinheit drei verschiedene Supervorgangstypen mit einer jeweils genau vorgegebenen Ausprägung der genannten Attribute.

um aus Standard Workflow Elementen Zielanwendungen zu erstellen. Die Aufgabe des *Workflow Simulators* ist eine Vorabsimulation des Vorgangs in der Form in welcher er hinterher vom Workflow Monitor dargestellt werden könnte. Dabei sind sowohl Fragen der Konsistenzprüfung als auch der Optimierung zu berücksichtigen.

3.2.3 Anwendung in der Praxis

Eine Langzeitstudie, welche seit Dezember 1991 durchgeführt wird und in welcher bisher über 320 Aufgabenträger in Unternehmen befragt wurden, hat gezeigt, daß 53% der kooperativen Bürovorgänge rein sequentiell organisiert sind während in 17% der untersuchten Fälle neben Sequenzen mindestens eine andere Form des Ablaufs (beispielsweise Rückkoppelung, Abhängigkeit oder Gleichzeitigkeit) anzutreffen ist. Gleichzeitig wurden die Teilaufgaben in die Büroaufgabentypen Sachbearbeitung (45%), Fachaufgabe (32%), Unterstützungsaufgabe (16,5%) und Führungsaufgabe (6,5%) unterteilt. Ein kooperativer Bürovorgang umfaßt im Mittel (Median) vier Teilaufgaben, d.h. es sind vier Aufgabenträger an der Erledigung der Aufgabe beteiligt [24]. Insbesondere für sequentielle Sachbearbeitungsaufgaben mit mehreren Beteiligten erweisen sich Workflow-Management-Systeme als besonders geeignet.

Abbildung 3.3: Umfrage über den Einsatz von Workflow-Produkten

Eine im August 1994 durchgeführte Umfrage zur Relevanz von Anwendungen für verschiedene Unternehmen [98] ergab jedoch, wie in Abbildung 3.3 dargestellt, daß erst 4,5% der befragten Unternehmen bereits Workflow-Produkte einsetzen und 18,2% den Einsatz in absehbarer Zeit planen. 20,5% der befragten Unternehmen würden Workflow-Produkte prinzipiell gerne einsetzen und für 45,5% erscheint der Einsatz uninteressant.

Im Vergleich zu diesen Werten wird Electronic Mail bereits von 56,8% und PC-gestütztes Fax vom Arbeitsplatz sogar von 70,5% der Firmen eingesetzt. Interessanterweise fühlen sich über 90% der Befragten über das entsprechende Themengebiet ausreichend informiert. Ein etwa gleich großer Prozentsatz hält die Technik für im Wesentlichen ausgereift [98]. Im Gegensatz dazu wird von einigen Autoren die Technik im Bereich Workflow-Management als noch nicht ausgereift bezeichnet ([89] und [97]), die Einführung von Workflow-Management in Unternehmen als im Anfangsstadium befindend betitelt [34] und Workflow-Management ein großes Wachstum für die Zukunft vorhergesagt.

Kapitel 4

MESSAGE HANDLING SYSTEME (X.400)

Mit der Verabschiedung der Empfehlungen für Message Handling Systeme (Serie X.400) gelang dem CCITT im Jahr 1984 ein großer Schritt auf dem Weg zu plattformübergreifenden und herstellerunabhängigen Mitteilungsübermittlungssystemen. Die Verabschiedung des erweiterten und in vielen Teilen verbesserten X.400 Standards im Jahr 1988 konnte viele Probleme beseitigen, noch lange vor auf breiter Basis X.400 Installationen der Version von 1984 verfügbar waren. Die zahlreiche positive Resonanz auf die Entwicklung von weltweit gültigen Standards im Bereich der Mitteilungsübermittlung, sowohl auf der Seite der MHS-Entwickler als auch auf Benutzerseite, rechtfertigt diese Tätigkeiten des CCITT.

In diesem Kapitel soll zunächst im Rahmen der Grundlagen in Unterkapitel 4.1 ein Überblick über die Empfehlungen der Serie X.400 gegeben werden, um dann das Message Handling Modell und seine Realisierung sowie die Adressierung im Message Handling System vorzustellen. Im Anschluß daran werden die Dienstanforderungen von Groupware mit den Dienstmerkmalen in X.400 verglichen und der Einsatz von X.400 als Basis für Groupwareapplikationen beschrieben.

Im Unterkapitel 4.3 wird ein möglicher Ansatz für die Einbindung von Groupware in das Schichtenmodell von X.400 skizziert. Zunächst werden dazu die Schichtendarstellung des MHS-Modells sowie seine Protokolle und Instanzen beschrieben und anschließend ein Groupwareintegrationsansatz vorgestellt. Daran anschließend werden am Beispiel von Message Store und Verteilerlisten die Groupwareeinflüsse und Änderungen in den Normen des Jahres 1988 aufgezeigt. Das Unterkapitel 4.5 befaßt sich abschließend mit Fragen der Sicherheit. Es werden zunächst die potentiellen Sicherheitsrisiken in einem Message Handling System geschildert, und anschließend grundlegende Sicherheitskonzepte sowie die Sicherheitsunterstützung in X.400 (88) beschrieben.

4.1   Grundlagen

Bei den CCITT-Empfehlungen der Serie X.400 handelt es sich um einen Teilbereich der Empfehlungen des CCITT, welcher 1984 neu zu den Empfehlungen der X-Serie hinzugekommen ist und sich mit Mitteilungs-Übermittlungs-Systemen[1] beschäftigt. Grundlage dieser Empfehlungen ist Artikel 11 (Nr. 84) des internationalen Fernmeldevertrags (Nairobi, 1982). Dort ist folgendes festgelegt: „Der internationale beratende Ausschuß für den Telegrafen- und Fernsprechdienst (Comité Consultatif International Téléphonique et Télégraphique - CCITT) ist beauftragt, über technische, betriebliche und tarifliche Fragen der Fernmeldedienste Studien durchzuführen und Empfehlungen herauszugeben" [101].

Die Empfehlungen werden grundsätzlich vom CCITT beschlossen, welches in der Regel alle vier Jahre zusammentritt. So wurden beispielsweise die VIII. Vollversammlung vom 8. bis 19.10.1984 in Malaga-Torremolinos und die IX. Vollversammlung vom 14. bis 25.11.1988 in Melbourne veranstaltet. Das CCITT ist Herausgeber zahlreicher Veröffentlichungen, welche unter anderem die gültigen Empfehlungen, Studienfragen, Organisation der Studienkommissionen und Resolutionen enthalten. Diese Veröffentlichungen werden für jede Studienperiode in einer besonderen Farbe aufgelegt. Die Empfehlungen der Vollversammlung 1984 wurden beispielsweise als „Rotbücher" und die Empfehlungen der Vollversammlung 1988 als „Blaubücher" herausgegeben.

Der folgende Abschnitt 4.1.1 gibt einen Überblick über die Empfehlungen der Serie X.400, daran anschließend wird das Message Handling Modell und seine Realisierung vorgestellt. Im letzten Abschnitt dieses Unterkapitels gehe ich dann auf das Prinzip der Adressierung im Message Handling System ein.

4.1.1   Übersicht der Empfehlungen der Serie X.400

Die Serie X.400 besteht aus den CCITT-Empfehlungen X.400 bis X.435 und beschäftigt sich, wie schon erwähnt, mit Message Handling Systemen (MHS). Abbildung 4.1 gibt einen Überblick über die Bestandteile der Serie X.400[2].

Die erste Version der Serie X.400 wurde 1984 verabschiedet und besitzt im Zusammenhang mit der Entwicklung des Referenzmodells der ISO für die Verbindung offener Systeme (Reference Model for Open Systems Interconnection, OSI-RM) und der Normierung eine

---

[1] im Original: „Message Handling Systems" (MHS). Alle Standardisierungsarbeiten des CCITT werden in den drei Arbeitssprachen Englisch, Französisch und Spanisch dokumentiert. Ein großer Teil der V- und X-Serie sind auch in einer deutschen Übersetzung verfügbar. In der deutschen Ausgabe wurden viele Fachbegriffe übersetzt, so daß Abkürzungen (z.B. MHS) nicht ohne Erklärung übernommen werden können. Da sich jedoch viele dieser Abkürzungen auch im deutschsprachigen Raum durchgesetzt haben, werde ich im Folgenden je nach Bedarf deutsche oder englische Bezeichnungen verwenden.

[2] zusammengetragen aus [2], [29], [66], [74], [101] und [104].

besondere Bedeutung, da es sich bei X.400 um den ersten internationalen Standard auf der Anwendungsschicht handelt. Parallel zu den laufenden Normierungen der CCITT wurde von der ISO ein Standardisierungsprozess begonnen, der jedoch hinter der Arbeit der CCITT zurückblieb und erst nach der ersten Verabschiedung in Form eines revidierenden Standards wieder aufgenommen wurde. Das Grundlegende Konzept von X.400 wurde von der Arbeitsgruppe 6.5 der International Federation for Information Processing (IFIP) entwickelt.

Empfehlung	Inhalt	Jahr
X.400	Systemmodell, Dienstelemente der Schichten (ISO 10021-1)	1984
X.401	Basis-Dienstelemente, wahlfreie Leistungsmerkmale	1984
X.402	Gesamtübersicht (ISO 10021-2)	1988
X.403	Konformitätsprüfungen	1988
X.407	Vereinbarungen zur Definition eines abstrakten Dienstes	1988
X.408	Codierte Informationen, Umsetzungsregeln	1984
X.409	Syntax der Darstellung und der Notation	1984
X.410	Zusammenwirken zwischen den Schichten	1984
X.411	Schicht für den Transfer von Mitteilungen (ISO10021-4)	1984
X.413	Mitteilungs-Speicher (ISO 10021-5)	1988
X.419	Protokoll-Spezifikationen (ISO 10021-6)	1988
X.420	Schicht für die interpersonelle Mitteilungs-Übermittlung	1984
X.430	Zugangsprotokoll für Teletex-Terminals	1984
X.435	Electronic Data Interchange (EDI)	1992

Abbildung 4.1: Bestandteile der Serie X.400

Einige frühe Implementationen von Herstellern erschienen schon kurz nach der Verabschiedung der Empfehlungen, beispielsweise das an einer kanadischen Universität entwickelte Softwarepaket EAN[1]. Bald darauf zeigten sich die ersten Mängel von X.400. Sowohl die CCITT als auch die ISO begannen deshalb mit der Überarbeitung von X.400 mit dem Ziel der

---

[1] das auf X.400 (84) aufbauende EAN wurde beispielsweise an der Fachhochschule Furtwangen noch bis 1993 als normenkonformes Standardsystem zur elektronischen Nachrichtenübermittlung unter dem Betriebssystem VMS eingesetzt, bis es dann durch SMTP ersetzt wurde.

Verbesserung und Erweiterung. Diese überarbeitete Version wurde 1988 von der Plenarversammlung des CCITT verabschiedet. Später wurden die Empfehlungen noch um X.435 für den elektronischen Dokumentenaustausch (Electronic Document Interchange, EDI) erweitert und 1992 erneut verabschiedet.

4.1.2 Das Message Handling Modell

In den CCITT-Normen wird ein Message Handling Modell beschrieben, welches die grundlegende Struktur eines normenkonformen Message Handling Systems aufzeigt. Bestandteile dieses Modells sind das Message Handling System, das Message Transfer System, User Agents, Message Transfer Agents und außerhalb des MHS die Benutzer. Abbildung 4.2 zeigt eine grafische Darstellung dieses Modells.

Das *Message Transfer System (MTS)* übermittelt Mitteilungen vom User Agent des Absenders zum User Agent des Empfängers. Dabei kann nach dem Prinzip der Store-and-Forward-Übermittlung im MTA eine Zwischenspeicherung vorgenommen werden. Das MTS ist also auf Formen der asynchronen Kommunikation ausgerichtet. Der *Message Transfer Agent (MTA)* ist ein Anwendungsprozeß, welcher die empfangenen Mitteilungen entweder an einen anderen MTA oder an den User Agent des Empfängers weiterleitet.

Das *Message Handling System (MHS)* besteht aus den User Agents und dem MTS. Der *User Agent (UA)* ist dabei ebenfalls ein Anwendungsprozeß, welcher einem Benutzer die Dienste des MTS auf möglichst einfache Weise zur Verfügung stellt. Ein komfortabler User Agent kann beispielsweise durch ein Programm mit grafischer Benutzeroberfläche[1] realisiert werden, welches einfache Interaktionen zwischen User Agent und Benutzer ermöglicht. Weiterhin kann ein UA nach eigenem Ermessen über lokale Funktionen verfügen, welche nicht Inhalt einer Standardisierung durch das CCITT sind. Beispielsweise können Textverarbeitungsaufgaben, Datenbankmerkmale sowie das Speichern und Wiederauffinden von Mitteilungen Funktionen eines erweiterten UA sein.

Benutzer in der Umgebung des MHS können jedoch nicht nur Menschen sondern auch Prozesse sein. Ein Benutzer nimmt die Dienste des MHS über den User Agent durch Absenden oder Empfangen von Mitteilungen in Anspruch.

Alle Mitteilungen innerhalb des MHS weisen die selbe grundsätzliche Struktur auf, welche aus einem Umschlag und dem Inhalt besteht. Im Umschlag werden die Informationen befördert, die vom MTS für den Transport verwendet werden. Im Inhalt befinden sich diejenigen Informationen, welche der verursachende UA an einen oder mehrere Empfänger-UA übergeben möchte. Dieser Inhalt wird normalerweise vom MTS weder geändert noch untersucht; die einzige Ausnahme stellt die Umsetzung dar. Für die Umsetzung stellt das MTS eine Reihe von Funktionen bereit, um Benutzern die Eingabe von Mitteilungen in einer bestimm-

---

[1] Beispiele für solche grafischen User Agents wurden in Abschnitt 2.3.1 (Electronic Mail) gezeigt.

ten Codierung zu gestatten[1] und die zu empfangenden Mitteilungen in einer bestimmten Codierung zu erhalten. Damit sollen die verschiedenen Fähigkeiten von User Agents sowie unterschiedliche Terminaltypen berücksichtigt werden.

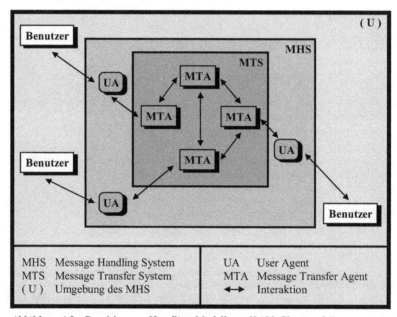

Abbildung 4.2: Das Message Handling Modell von X.400 (Version 84)

Das MTS stellt den anwendungsunabhängigen Dienst zur Übertragung von Mitteilungen bereit. Es unterscheidet zwischen Sendeübergabe, Empfangsübergabe und Weitergabe. Die Übergabeinteraktionen finden stets zwischen MTA und UA statt. Bei der *Sendeübergabe* wird eine Mitteilung zusammen mit ihrem Sendeumschlag vom erzeugenden UA an einen MTA übergeben. Der Sendeumschlag enthält Informationen, die das MTS benötigt, um die geforderten Dienstelemente bereitzustellen. Bei der *Empfangsübergabe* wird der Inhalt einer Mitteilung zusammen mit ihrem Empfangsumschlag von einem MTA an den empfangenden UA übergeben. Der Empfangsumschlag enthält dabei Angaben für die Empfangsübergabe. Bei der *Weitergabe* wird die Mitteilung so lange von einem MTA an einen anderen MTA weitergegeben, bis sie den Ziel-MTA erreicht, welcher sie dann durch Empfangsübergabe an die

---

[1] in der dafür notwendigen codierten Informationsform: Encoded Information Type (EIT). Die vorhandenen standardisierten EIT werden in der Empfehlung X.411 beschrieben.

empfangende UA weitergibt. User Agents sind in Abhängigkeit der Formen des Inhalts von Mitteilungen, den sie bearbeiten können, in Klassen eingeteilt. User Agents der selben Klasse werden als kooperierende UA bezeichnet.

4.1.3 Realisierung des Modells

Um ein Modell auch praktisch anwenden zu können ist es notwendig dieses zu realisieren. Dabei ist einerseits eine Implementierung in reale Systeme und andererseits eine Festlegung der Verwaltungszuständigkeitsbereiche erforderlich. Bei der Realisierung des Message Handling Modells wird zwischen der physikalischen und organisatorischen Abbildung unterschieden.

Die *physikalische Abbildung* hat die Aufgabe, MTA und UA realen Systemen zuzuordnen. Es sind hier eine Reihe verschiedener Anordnung möglich. Typische Aufgaben von User Agents sind das Erstellen, Anzeigen oder Weiterverarbeiten von Mitteilungen. Beim Durchführen dieser Interaktionen steht der Benutzer mit dem User Agent in Verbindung. Der UA kann aus einer Anordnung von Prozessen in einem Datenverarbeitungssystem oder auch aus einem intelligenten Terminal bestehen.

User Agent und MTA können im selben System realisiert sein. Der UA greift in diesem Fall auf die Dienstelemente des MT-Dienstes zu, indem er innerhalb des selben Systems mit dem MTA kommuniziert. Andererseits kann ein UA (als stand-alone UA) auch in einem getrennten System realisiert sein. Dieser muß dann mittels genormter Protokolle mit einem auf einem anderen System vorhandenen MTA kommunizieren. Eine weitere Möglichkeit wäre ein auf einem System ohne User Agents realisierter MTA (stand-alone MTA).

X.400 definiert zur Unterstützung dieser Systemtypen mehrere Protokolle. Das Message Transfer Protokoll P_1 ist ein Protokoll der MT-Schicht und dient der Weiterleitung von Mitteilungen zwischen Message Transfer Agents. Das Submission and Delivery Protokoll P_3 ist das zweite Protokoll der MT-Schicht und dient dem Austausch von Mitteilungen zwischen einem stand-alone UA und einem MTA. Für den Austausch von Mitteilungen zwischen User Agents existiert eine Klasse P_c von anwendungsspezifischen Protokollen der UA-Schicht. In X.400 wird nur ein P_c, das Interpersonal Messaging Protocol P_2, definiert. Weiterhin existiert eine Klasse von Interactive Terminal to System Protokollen P_t, welche die Kommunikation zwischen entferntem Benutzer und UA regeln. In X.400 wird für diese Klasse P_t jedoch kein Protokoll definiert. Ebensowenig wird die optische Darstellung der Daten von User Agents, also die Schnittstelle zur Kommunikation mit dem Benutzer, in den Empfehlungen geregelt. Dies ist durchaus sinnvoll, da eine derartige Normierung die herstellerspezifische Gestaltung von User Agent Benutzeroberflächen verbieten und die wünschenswerte optisch einheitliche Einbindung eines User Agents in eine Applikation verhindern würde.

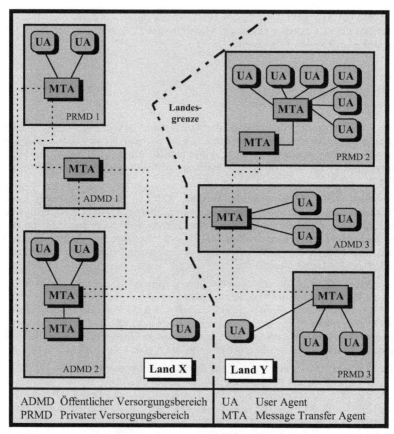

Abbildung 4.3: Organisatorische Abbildung mit Versorgungsbereichen

Die *organisatorische Abbildung* legt die Aufgaben fest, die eine Verwaltung bei der Bereitstellung von Message Handling Diensten übernehmen kann. Zu diesem Zweck werden in
X.400 Versorgungsbereiche definiert: „die Ansammlung eines MTA und null oder mehr UAs,
die einer Verwaltung[1] oder einer anderen Organisation[2] gehören, bilden einen Versorgungsbe-

---

[1] in den X.400 Empfehlungen der CCITT wird explizit darauf hingewiesen, daß mit dem Begriff „Verwaltung"
auch anerkannte private Betriebsgesellschaften bezeichnet werden.
[2] unter einer „anderen Organisation" wird in diesem Kontext ein Unternehmen oder eine nicht-kommerzielle
Institution verstanden.

reich (Management Domain, MD). Der von einer Verwaltung betreute Versorgungsbereich wird öffentlicher Versorgungsbereich (Administration Management Domain, ADMD) genannt. Der von einer anderen Organisation betreute Versorgungsbereich wird privater Versorgungsbereich (Private Management Domain, PRMD) genannt. Ein Versorgungsbereich stellt die MT- und IPM-Dienste mit den jeweiligen wahlfreien Leistungsmerkmalen entsprechend Empfehlung X.401 zur Nutzung bereit" [104]. In Abbildung 4.3 wird eine beispielhafte länderübergreifende Anordnung von privaten und öffentlichen Versorgungsbereichen gezeigt.

Es sind in X.400 drei Möglichkeiten vorgesehen, wie die Leistungen von öffentlichen Versorgungsbereichen in Anspruch genommen werden können:

- ein Benutzer hat Zugang zu einem von der Verwaltung bereitgestellten User Agent,
- ein privater User Agent hat Zugang zu einem von der Verwaltung bereitgestellten Message Transfer Agent oder
- ein privater Message Transfer Agent hat Zugang zu einem von der Verwaltung bereitgestellten Message Transfer Agent.

Im Falle eines *von der Verwaltung bereitgestellten UA* kann der Teilnehmer entweder nur über ein Ein-/Ausgabegerät verfügen und so mit dem von der Verwaltung bereitgestellten UA kommunizieren, oder ein von der Verwaltung bereitgestelltes intelligentes Terminal mit den Funktionen eines User Agents benutzen.

Besitzt der Teilnehmer einen *privaten User Agent*, beispielsweise auf einem Personal Computer, so kann er den *Zugang zu einem von der Verwaltung bereitgestellten MTA* nutzen. Dazu kommuniziert der private UA mit dem MTA der Verwaltung, wie im vorherigen Abschnitt[1] beschrieben, durch Sende- und Empfangsübergabe. Ein privater, alleinstehender UA stellt dabei keinen eigenen Versorgungsbereich dar, er ist dem Versorgungsbereich in dem der MTA zur Verfügung gestellt wird zugeordnet.

Ein *privater MTA*, welcher *Zugang zu einem von der Verwaltung bereitgestellten MTA* besitzt, stellt zusammen mit den privaten User Agents eines Teilnehmers einen privaten Versorgungsbereich (PRMD) dar, welcher auf Basis einer „MTA-MTA"-Verbindung mit öffentlichen Versorgungsbereichen (ADMD) zusammenwirken kann. Der private Versorgungsbereich ist dabei jeweils auf ein Land beschränkt, kann jedoch innerhalb des Landes mit mehr als einem öffentlichen Versorgungsbereich zusammenarbeiten.

---

[1] vgl. Abschnitt 4.1.2 (Das Message Handling Modell).

4.1.4 Adressierung im MHS

In Kommunikationssystemen ist ein *Name* eine eindeutige Bezeichnung für ein Objekt. Eine *Adresse* identifiziert ebenfalls ein Objekt, allerdings in bezug auf ein bestimmtes Koordinatensystem [73]. Eine Adresse bezeichnet also den Ort, an welchem ein Objekt zu finden ist. Aus dieser Definition folgt, daß eine Adresse auch ein Name ist, aber ein Name nicht zwangsläufig eine Adresse. Weiterhin kann ein Objekt zwar mehrere Namen haben, bezogen auf ein Koordinatensystem aber immer nur eine Adresse.

In X.400 (84) wird für das Konzept einer Adresse irreführenderweise der Begriff „Originator/Recipient Name (O/R-Name)" verwendet. Die O/R-Namen bestehen aus Attributen, wobei die Attributtypen so gewählt wurden, daß aufgrund eines O/R-Namens der Ort, an welchem ein UA an das MTS angeschlossen ist, festgestellt werden kann. Da sich O/R-Namen somit auf die Architektur eines Message Handling Systems beziehen, handelt es sich in Wirklichkeit um Adressen.

Kategorie	Beispiele für Attribute in dieser Kategorie
persönliche Attribute	Personenname* (beispielsweise Nachname, Vorname, Initialen, Generationsangaben).
geographische Attribute	Straßenname und Hausnummer, Name der Stadt, Name der Region, Name des Landes*.
organisatorische Attribute	Name der Organisation*, Name der Organisationseinheit*, Position oder Aufgabe.
architekturelle Attribute	Adresse nach X.121*, eindeutige numerische User-Agent-Kennzeichnung*, Name des öffentlichen Versorgungsbereiches (ADMD)*, Name des privaten Versorgungsbereiches (PRMD)*.

Abbildung 4.4: Kategorien von X.400 Standardattributen

Ein Ziel bei der Festlegung von Attributen zur Bildung von O/R-Namen war, daß ein Verursacher von Mitteilungen durch Verwendung allgemein bekannter Angaben über einen Benutzer den beschreibenden Namen bilden kann. In den Empfehlungen der Serie X.400 sind dazu eine Reihe von Standardattributen zur Bildung von O/R-Namen angegeben. Dabei muß jeder Versorgungsbereich sicherstellen, daß alle ihm zugeordnete User Agents über mindestens einen Namen verfügen. Es wurden die vier Kategorien persönliche, geographische, organisatorische und architekturelle Attribute gebildet. Die Abbildung 4.4 zeigt Beispielattribute dieser Kategorien, wobei die mit einem Stern* gekennzeichneten Attribute vom CCITT festgelegt und in die Protokolle integriert wurden.

In X.400 (84) werden zwei verschiedene Formen von O/R-Namen festgelegt, wobei Form eins zusätzlich drei verschiedene Varianten besitzt. Um das Adresskonzept von X.400 zu erläutern ist es nicht erforderlich, alle vorhandenen Formen und Varianten vorzustellen. Ich beschränke mich an dieser Stelle darauf, die üblicherweise verwendete Form eins in der Variante eins zu zeigen. In dieser Variante setzt sich der O/R-Name als weltweit eindeutige Adresse aus den Attributen Name des Landes, Name des öffentlichen Versorgungsbereiches, Name des privaten Versorgungsbereiches, Name der Organisation, Name der Organisationseinheit und Personenname zusammen. Die letzten vier Attribute sind optional, wobei jedoch mindestens einer davon angegeben werden muß.

Attributtyp	*Beschreibung des Attributtyps*	*Beispiel*
Country Name	Zweistelliger Landescode, festgelegt in ISO 3166.	C = de
Administration Domain Name	Name des öffentlichen Versorgungsbereiches, welcher der private Versorgungsbereich zugeordnet ist oder zu welcher der User Agent gehört.	A = d400
Private Domain Name	Name des privaten Versorgungsbereiches, zu welchem der adressierte User Agent gehört.	P = fh-furtwangen
Organization Name	Name der Organisation (beispielsweise Firmenname, Hochschulname, Name der Abteilung oder des Fachbereichs)	O = zrz
Personal Name	Name der Person, die durch den User Agent vertreten wird.	S = ostertag

Abbildung 4.5: Beispiel eines O/R-Namens in der Form eins Variante eins

In Abbildung 4.5 wird ein Beispiel der Adressierung in der Form eins mit Variante eins vorgestellt. In dieser Form und Variante existieren noch zwei weitere Attribute, welche hier nicht verwendet wurden: der Name der Organisationseinheit (Organizational Unit Name, beispielsweise „OU = iclab") sowie der Vorname (Given Name, z. B. „G = oliver"). Auf die

Verwendung von Initialen und Generationsangaben innerhalb der persönlichen Attribute wurde ebenfalls verzichtet.

In Form eins Variante zwei wird ein Unterscheidungskennzeichen eingeführt, welches den UA des betreffenden Benutzers von allen anderen User Agents des Versorgungsbereiches unterscheidet. Durch diese Variante soll die Unterstützung einer Eingabe von einem Terminal mit ausschließlich numerischem Tastenfeld sichergestellt werden. Form eins Variante drei besteht aus einer X.121 Adresse zur Adressierung von Telex-Terminals. In der Form zwei kann ebenfalls die Telematik-Adresse nach X.121 sowie optional die Kennung des Telematik-Terminals angegeben werden.

Soll nun eine Mitteilung an einen Empfänger adressiert werden, dann müssen die genannten Attribute angegeben werden. Die Darstellungsform ist dabei vom verwendeten User Agent abhängig. Je nach Gestaltung der Kommunikationsschnittstelle zum Benutzer können die Attribute in einer Zeile, beispielsweise durch Seperatorzeichen voneinander getrennt, eingegeben werden, oder werden in einer Eingabemaske abgefragt. Fortschrittliche User Agents erkennen die verwendete Form und Variante aufgrund der eingegebenen Attribute und helfen mit Plausibilitätskontrollen, Fehler durch fehlende oder widersprüchlich verwendete Attribute lokal, noch vor der Weiterleitung an einen MTA, zu erkennen.

4.2   Dienste

In X.400 werden eine Reihe von Diensten als Dienstelemente bzw. Dienstmerkmale, eingeteilt in vier Kategorien, zur Verfügung gestellt. In den folgenden beiden Abschnitten soll untersucht werden, ob von Groupwareapplikationen Anforderungen an solche Dienste bestehen und inwiefern sie verwendet werden können.

Es darf bei diesen Betrachtungen natürlich nicht vergessen werden, daß Message Handling Systeme eine verbindungslose Form der Kommunikation unterstützen. Einige Groupwarebereiche (beispielsweise Electronic Meeting und teilweise auch Co-Autorensysteme sowie Computer Conferencing[1]) erfordern zusätzlich eine Form der verbindungsorientierten Kommunikation, welche von einem MHS selbstverständlich nicht zur Verfügung gestellt werden kann.

4.2.1   Dienstanforderungen von Groupware

Um einer Groupwareapplikation die Nutzung von X.400 normenkonformen Message Handling Systemen zu ermöglichen, muß in die Applikation die Funktionalität eines User

---

[1] vgl. zu diesen Beispielen Unterkapitel 2.3 (Funktionalität).

Agents[1] integriert sein. Natürlich kann der User Agent über beliebig viele zusätzliche lokale Funktionen verfügen, da diese nicht Bestandteil der X.400 Empfehlungen sind und, sofern sich der UA normenkonform verhält, keinen Einfluß auf das Message Handling System und insbesondere keinen Einfluß auf das Message Transfer System haben.

Wenn von Groupwareanwendungen nun die Dienste eines MHS in Anspruch genommen werden sollen, dann benötigen unterschiedliche Groupwarekategorien verschiedene Dienstmerkmale. Bestimmte Basisdienste, beispielsweise die Identifizierung der Mitteilung oder die Anzeige der codierten Informationsform, sind jedoch für alle Anwendungen interessant. Groupware der Kategorie Computer Conferencing oder Bulletin Boards[2] benötigen beispielsweise einen Mechanismus, der es gestattet Mitteilungen an mehrere Empfänger zu verteilen, sowie einen User Agent, welcher in der Lage ist diese Diskussionen hierarchisch und themenbezogen darzustellen. X.400 stellt, wie im nächsten Abschnitt beschrieben, ein Dienstmerkmal „Empfangsübergabe an mehrere Empfänger" bereit, welches für diese Verteilerfunktion benutzt werden kann.

Applikationen anderer Groupwarekategorien (z.B. das Ressourcenmanagement) benötigen für terminbezogene Benachrichtigungen von Gruppenmitgliedern Mechanismen für zeitgesteuerte Aktionen. Ein dementsprechendes Dienstmerkmal in X.400 stellt die im nächsten Abschnitt beschriebene „verzögerte Empfangsübergabe" dar. Eine Unterstützung zur Darstellung von Wichtigkeit, Ablauffristen, Vertraulichkeit und Betreff wird ebenfalls häufig benötigt. Entsprechende Dienstelemente sind, wie noch beschrieben wird, in X.400 vorhanden.

Es soll hier nicht der Eindruck erzeugt werden, daß die Nutzung eines MHS für Groupwareapplikationen nur möglich ist, weil in X.400 entsprechende Dienstmerkmale definiert sind. Selbstverständlich kann ein Produkt eines Herstellers problemlos den Inhalt einer Mitteilung strukturieren und dort die entsprechenden Attribute an definierten Stellen unterbringen. Der große Vorteil der Nutzung von X.400 Dienstmerkmalen besteht darin, daß sie normiert sind und theoretisch weltweit standardisiert verwendet werden können, ohne daß eine vorherige Absprache erforderlich ist. Obwohl für viele Anwendungen (z.B. Kalendermanagement) für einen sinnvollen Datenaustausch (z.B. zur Terminabsprache) eine ganze Reihe von zusätzlichen Datenstrukturen als Inhalt einer Mitteilung definiert werden müssen, sollten möglichst viele Dienstelemente von X.400 verwendet werden.

Wie eben erwähnt, ist es für Groupwareanwendungen manchmal erforderlich den Inhalt einer Mitteilungen zu strukturieren. Dabei darf jedoch nicht nur an eine Strukturierung auf Feldebene für Textinhalte und Zeichen gedacht werden. Gerade für zukünftige Multimedia-Anwendungen im Groupwarebereich besteht der Bedarf, nicht nur Text sondern auch Grafiken und sogar digitalisierte Sprache als Inhalt einer Mitteilung senden zu können. Der folgende Abschnitt beschreibt nach der Darstellung von Dienstmerkmalen auch den Aufbau des Typs „Body", welcher in X.400 festlegt, aus welchen Datentypen der Inhalt von X.400 Mitteilungen bestehen kann.

---

[1] wie in Abschnitt 4.1.2 (Das Message Handling Modell) vorgestellt.

[2] vgl. Kapitel 2 (Groupware).

4.2.2 Dienstmerkmale in X.400

In X.400 wurde eine Reihe von Diensten festgelegt und an den Schnittstellen zur UA-Schicht und MT-Schicht definiert. Die Dienstelemente sind in die Kategorien MT-Basisdienst, Sende- und Empfangsübergabe, Umsetzung, Anfragen sowie Statusangaben und Hinweise untergliedert. Die vollständige Liste der Dienstelemente ist sehr lang und kann bei Interesse in der Basisliteratur[1] nachgelesen werden. An dieser Stelle soll nur auf die für Groupwareprodukte relevanten Dienstmerkmale eingegangen werden.

Im Rahmen des MT-Basisdienstes werden beispielsweise die Identifizierung der Mitteilung und die Anzeige der ursprünglich codierten Informationsform verwendet. Die *Identifizierung der Mitteilung* ermöglicht es dem MTS, dem User Agent für jede übergebene Mitteilung ein eindeutiges Bezugskennzeichen zu übermitteln. Zur Referenzierung auf eine frühere Nachricht wird dieses Bezugskennzeichen dann sowohl von MTS als auch vom User Agent eingesetzt. Verwendet wird dieses Dienstelement beispielsweise bei der Empfangsübergabe oder der Benachrichtigung der Nichtübergabe. Die *Anzeige der ursprünglich codierten Informationsform* gestattet dem erzeugenden User Agent gegenüber dem MTS anzugeben, welche codierte Informationsform eine übergebene Mitteilung aufweist. Wird die Mitteilung zugestellt, so erkennt der empfangende User Agent mit diesem Dienstmerkmal die ursprünglich codierte Informationsform, so wie sie vom erzeugenden User Agent angegeben wurde.

Das Dienstelement *Empfangsübergabe an mehrere Empfänger* ermöglicht es, daß die an das MTS weitergeleitete Mitteilung an mehr als einen Empfänger übergeben wird. Die dafür notwendigen O/R-Adressen müssen vom erzeugenden User Agent bereitgestellt werden. Die Sendeübergabe erfolgt nicht zwingend zur selben Zeit.

Die *verzögerte Empfangsübergabe* hat zur Folge, daß eine übergebene Mitteilung vom MTS nicht früher als zu einem angegebenen Zeitpunkt, jedoch so pünktlich wie möglich, zugestellt wird. Sie kann gegebenenfalls durch das Dienstelement *Löschung einer verzögerten Empfangsübergabe* storniert werden, falls der angegebene Übergabezeitpunkt noch nicht erreicht und die Mitteilung innerhalb des MTS noch nicht weitergeleitet wurde.

Im Rahmen des IPM-Dienstes, welcher von einer Klasse kooperierender User Agents in Anspruch genommen wird, werden noch zahlreiche zusätzliche Dienstmerkmale definiert. Beispiele hierfür sind die Anzeige der Wichtigkeit, Anzeige des Ungültigwerdens, die Anzeige der Vertraulichkeit sowie die Anzeige des Betreffs. Die *Anzeige der Wichtigkeit* ermöglicht einer Groupwareapplikation beispielsweise die vorrangige Bearbeitung von Mitteilungen, welche als „wichtig" gekennzeichnet wurden. Die *Anzeige des Ungültigwerdens* erlaubt die Information, daß eine oder mehrere vorher übermittelte Mitteilungen als ungültig zu betrachten sind. Die eventuell von der Applikation daraufhin vorzunehmenden Aktionen sind lokale User Agent Funktionen und als solche nicht in den Empfehlungen der Serie X.400 ge-

---

[1] zu finden in den CCITT-Empfehlungen von 1984 [104] oder in den Blaubüchern des Jahres 1988 [100], [101], [102] und [103].

regelt. Groupwareapplikationen mit integriertem User Agent können aufgrund dieses Dienst-
merkmales beispielsweise eine Löschung vornehmen.

Mit der *Anzeige der Vertraulichkeit* wurden zusätzlich zu einer Ausgangsstufe (z.B.
„nicht vertraulich") noch die drei Vertraulichkeitsstufen „persönlich", „privat" und „vertraulich für das Unternehmen" festgelegt. Das Dienstelement *Anzeige des Betreffs* (subject) enthält geeigneterweise eine treffende Bezeichnung des Mitteilungsinhalts.

Speziell für die Nutzung von X.400 durch Groupwareapplikationen sind die Dokumententypen, welche in einer Mitteilung untergebracht und durch das MHS versendet werden
können, von Interesse. Zur Festlegung dieser möglichen Dokumententypen wird in X.400
mittels der standardisierten Datenbeschreibungssprache ASN.1 (Abstract Syntax Notation
One) ein Typ „Body" spezifiziert [73], welcher aus einer Folge von „BodyPart" bestehen
kann, wobei jeder „BodyPart" einen von 12 vorgegebenen Typen annehmen kann. Abbildung
4.6 zeigt die Spezifikation dieses Typs.

```
Body       ::=  SEQUENCE  OF  BodyPart
BodyPart  ::=  CHOICE  {
               [0]   IMPLICIT   IA5Text,
               [1]   IMPLICIT   TLX,
               [2]   IMPLICIT   Voice,
               [3]   IMPLICIT   G3Fax,
               [4]   IMPLICIT   TIF0,
               [5]   IMPLICIT   TTX,
               [6]   IMPLICIT   Videotex,
               [7]   NationallyDefined,
               [8]   IMPLICIT   Encrypted,
               [9]   IMPLICIT   ForwardedIPMessage,
               [10]  IMPLICIT   SFD,
               [11]  IMPLICIT   TIF1  }
```

Abbildung 4.6: Spezifikation des Typs „Body" in ASN.1

Der Typ *IA5Text* ist für einfache Textdokumente und Telexmitteilungen vorgesehen,
welche im Zeichensatz IA5[1] dargestellt sind. Es kann hier entweder der volle IA5 Zeichensatz
verwendet werden, oder ein Zeichensatz mit eingeschränktem Wertevorrat, welcher nur die
im Teletex-Zeichensatz ITA2 vorkommenden Zeichen umfaßt. Die 7-Bit-Codierung von IA5
wird jedoch in jedem Fall verwendet.

---

[1] International Alphabet 5. Dieser Zeichensatz ist in den CCITT-Empfehlungen T.50, entsprechend ISO 646,
festgelegt.

Für die Darstellung von Telexdokumenten im 5-Bit-Code des International Telegraph Alphabet 2 (ITA2) ist der Typ *TLX* vorgesehen. In den CCITT-Empfehlungen ist die genaue Darstellung dieses Typs als „for further study" gekennzeichnet. Der Typ *Voice* ist für die Übermittlung von digitalisierter Sprache vorgesehen. Gerade für künftige Anwendungen im Multimediabereich wird dieser Typ von Interesse sein. In den CCITT-Normen X.400 (84) ist er ebenfalls noch nicht näher spezifiziert.

Dokumente die von Telefaxgeräten der Gruppe 3 erzeugt werden, können in einem „BodyPart" des Typs *G3Fax* dargestellt werden. Faksimilegeräte der Gruppe 4 (Klasse 1) verwenden hingegen das Text Interchange Format 0 (TIF.0), ein Textaustauschformat das in der CCITT-Empfehlung T.73 näher spezifiziert ist und durch den Typ *TIF0* repräsentiert wird.

Der Typ *TTX* ist für Teletex-Dokumente vorgesehen und enthält eine Folge von Strings, welche aus Zeichen des Zeichensatzes T.61 bestehen, wobei jeder String einer Seite des Teletex-Dokumentes entspricht. Neben den Stringfolgen enthält dieser Typ noch zusätzliche Parameter, beispielsweise die Anzahl übermittelter Seiten. Videotex-Dokumente werden durch den Typ *Videotex* dargestellt. Näheres ist jedoch noch nicht festgelegt.

Es besteht die Möglichkeit, daß aufgrund lokaler Vereinbarungen für ein Land eigene Typen definiert werden können. Durch die Anwendung von „CHOICE" ist hier sogar die Festlegung eines privaten Austauschformates möglich, indem eine Menge von nationalen Typen vereinbart werden. Der Basistyp der diese Definitionen ermöglicht, wird als *Nationally-Defined* bezeichnet.

Der Typ *Encrypted* sieht die Übermittlung von Dokumenten in einer verschlüsselten Form vor, ist jedoch in X.400 (84) noch nicht näher spezifiziert. Mitteilungen, welche als „BodyPart" in einer anderen Mitteilung enthalten sind, können mit dem Typ *ForwardedIP-Message* dargestellt werden. Durch diesen Typ wird es möglich weitergeleitete Mitteilungen in Baumstrukturen darzustellen.

Ein „BodyPart" vom Typ *SFD* erlaubt die Darstellung von Textdokumenten, die in ihrer grafischen Form an das Ausgabegerät (Bildschirm oder Drucker) angepaßt werden können. In einem solchen „simple formattable document" sind nur der Dokumenteninhalt und die Parameter der Formatierung spezifiziert und nicht das druckfertige Dokument in Grafikform. SFD ermöglicht so die optisch ansprechende Ausgabe eines Dokuments auf Druckern mit unterschiedlichen Seitenformaten und Zeichensätzen.

Der Typ *TIF1* stellt, als letzter innerhalb der „Body"-Spezifikation, ein Textaustauschformat (Text Interchange Format 1, TIF.1) dar, welches, wie auch TIF.0, in der CCITT-Empfehlung T.73 festgelegt ist. Dieses Textaustauschformat wird von Faxgeräten der Gruppe 4 (Klassen 2 und 3) verwendet.

4.3 Groupware im Schichtenmodell von X.400

Beim Versuch, den Einfluß von Groupware auf die CCITT-Empfehlungen der Serie X.400 zu beschreiben spielt die Untersuchung der Integration von Groupware in die Normen eine wichtige Rolle. Einerseits muß untersucht werden ob die Empfehlungen überhaupt so offen bzw. erweiterbar gehalten sind, daß eine Eingliederung möglich wird, andererseits muß, falls die erstgenannten Bedingungen erfüllt sind, eine eventuelle Integration normenkonform vorgenommen werden.

In den folgenden drei Abschnitten wird zunächst die Schichtendarstellung des Message Handling Modells als Grundlage für die Integration beschrieben. Im Anschluß daran werden die Instanzen und Protokolle von X.400 untersucht, um danach eine mögliche Groupwareintegration zu beschreiben. Bei dieser Integrationsbeschreibung habe ich, aufbauend auf der X.400 Protokollklasse P_c versucht, eine Unterklasse von P_G Protokollen für die asynchrone Kommunikation von Groupwareapplikationen sowie das dazu notwendige Groupware Messaging System zu skizzieren.

4.3.1 Die Schichtendarstellung des MHS-Modells

Neben der funktionalen Darstellung des Message Handling Modells[1] wurde in X.400 auch eine Schichtendarstellung entwickelt. Dieses Schichtenmodell ermöglicht es, bei Message Handling Systemen die gleichen Prinzipien und Methoden einzusetzen, die auch für das OSI-Referenzmodell festgelegt wurden. Die Protokolle des Message Handling Systems werden dabei bestimmten Schichten des OSI-Modells zugeordnet, wobei Protokolle, Instanzen und Schnittstellen angegeben werden. Die Entwicklung der Schichtendarstellung des Message Handling Modells basiert auf den folgenden Prinzipien des Schichtenmodells für OSI [104]:

♦ Schichten dienen zur Zusammenfassung ähnlicher Funktionen,
♦ die Aufgaben der Schichten sind so festgelegt, daß Interaktionen über die Grenze einer Schicht minimiert werden,
♦ die Schichten sind so beschrieben, daß innerhalb einer Schicht verschiedene Protokolle angewendet werden können, ohne die Dienste der Schicht zu beeinflussen,
♦ die Anzahl von Schichten ist so niedrig wie möglich zu halten,
♦ jede unter einer anderen liegende Schicht stellt Dienste für die darüberliegende Schicht bereit,
♦ jede Schicht erfordert bestimmte Protokolle mit der gleichnamigen Instanz in einem anderen System.

---

[1] vgl. Abschnitt 4.1.2 (Das Message Handling Modell).

Im Rahmen der Zuordnung zum OSI-Referenzmodell wurden die Instanzen und Proto-kolle des MHS der Anwendungsschicht des OSI-Referenzmodells zugewiesen. Diese Zuord-nung ermöglicht es dem Message Handling System die darunterliegenden Schichten zu nut-zen, sowie Verbindungen zwischen verschiedenen Systemen über unterschiedliche Netze zu erreichen. Weiterhin ermöglicht diese Zuordnung eine Kommunikationsverbindung zum Zweck der Mitteilungsübermittlung zwischen offenen Systemen und die Anwendung von Bezeichnungen des Transfersystems nach der CCITT-Empfehlung X.409.

Innerhalb der Anwendungsschicht des OSI-Referenzmodells können, wie in Abbildung 4.7 dargestellt, zwei Unterschichten für MHS-Funktionen gebildet werden: die Schicht des User Agents (User Agent Layer, UAL) sowie die Schicht für Mitteilungsübermittlung (Mes-sage Transfer Layer, MTL). Der UAL enthält dabei die mit dem Inhalt der Mitteilung zu-sammenhängende Funktionen während die MTL die Funktionen für die Mitteilungsübermitt-lung zur Verfügung stellt.

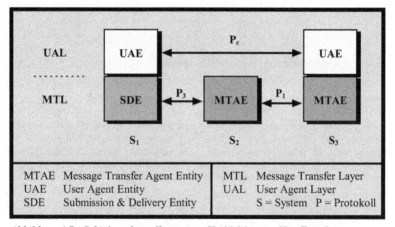

Abbildung 4.7: Schichtendarstellung eines X.400 Message Handling Systems

Wie schon beim funktionalen Modell[1] beschrieben, werden auch bei der Schichtendar-stellung Systeme, die nur UA-Funktionen bereitstellen (S_1), Systeme, die nur MTA Funktio-nen bereitstellen (S_2) und Systeme, die beide Funktionen bereitstellen (S_3), unterschieden. Die verschiedenen funktionalen Instanzen und Partner-Protokolle werden im folgenden Abschnitt erklärt.

---

[1] in Abschnitt 4.1.3 (Realisierung des Modells).

4.3.2 Protokolle und Instanzen

Das in Abbildung 4.7 dargestellte Schichtenmodell eines Message Handling Systems verfügt über drei funktionale Instanzen. Die End-Systemteil-Instanz (User Agent Entity, UAE) verfügt über den Funktionsumfang, der für die Bearbeitung des Inhalts einer Mitteilung erforderlich ist, sowie über weitere Funktionen, welche für die Schicht der User Agents (UAL) erforderlich sind. Die Instanz des Mitteilungstransfers (Message Transfer Agent Entity, MTAE) beinhaltet den Funktionsumfang, der für die Bereitstellung der Dienstelemente der Mitteilungsübermittlungsschicht (MTL) für die Zusammenarbeit mit anderen MTAE erforderlich ist. Die Instanz der Sende- und Empfangsübergabe (Submission and Delivery Entity, SDE) stellt die MTL-Dienstelemente den UAE der darüberliegenden Schicht (UAL) zur Verfügung. Dabei ist zu beachten, daß die SDE nicht selbst Transferdienste zur Verfügung stellt, sondern mit der Partner-MTAE auf der selben Schicht (MTL) kommuniziert.

Im Schichtenmodell existieren weiterhin die drei Partner-Protokolle P_1, P_3 und P_c. Im *Message Transfer Protocol P_1* werden die Weitergabe von Mitteilungen zwischen verschiedenen MTAE und andere Interaktionen zur Bereitstellung von MTL-Diensten beschrieben. Wird eine Mitteilung durch das Protokoll P_1 von einer MTAE zu einer anderen MTAE weitergegeben, so besteht sie aus dem Inhalt, welcher von der UAE übergeben wurde, und einem Umschlag, der Daten zur Weiterleitung enthält. Im Umschlag sind Informationen enthalten, die von den MTAE benötigt werden, um MTL-Dienste zur Verfügung zu stellen. Die CCITT-Empfehlung X.410 beschreibt die zum Transfer von Mitteilungen notwendigen, unter der Anwendungsschicht liegenden Schichten. Das Message Transfer Protocol P_1 ist in der CCITT-Empfehlung X.411 beschrieben.

Das *Submission and Delivery Protocol P_3* ermöglicht es einer SDE in einem S_1-System die Dienste des MTL für eine UAE in Anspruch zu nehmen. Wie bei P_1 ist das Protokoll in der Empfehlung X.411 und die Anwendung der darunterliegenden Schichten in der Empfehlung X.410 beschrieben. Das *Protokoll P_c* ist eigentlich kein Protokoll, sondern eine Klasse von vielen möglichen Protokollen zur syntaktischen und semantischen Beschreibung des Inhalts von Mitteilungen für deren Übermittlung. Jede Form von P_c entspricht einer speziellen Klasse kooperierender User Agents.

Ein Vertreter der eben genannten Protokolle P_c für eine Klasse kooperierender User Agents wird in X.420 definiert. Es handelt sich dabei um das Interpersonal Messaging (IPM) Protocol P_2, dem bislang einzigen in den CCITT-Empfehlungen der Serie X.400 genormten Protokoll der Protokollklasse P_c.

Im folgenden Abschnitt werde ich versuchen, basierend auf der Protokollklasse P_c ein neues, noch zu entwickelndes Protokoll P_G zu skizzieren, welches dann zur Integration von Groupware verwendet werden kann. Ebenso wird die Bildung des gesamten Groupware Messaging Systems, des Groupware Messaging Dienstes und der Groupware User Agent Entitäten vorgestellt.

4.3.3 Groupwareintegration

Zur Integration von Groupware in das Schichtenmodell von X.400 ist es zunächst erforderlich, daß Groupwareapplikationen, bei denen untereinander asynchroner Kommunikationsbedarf besteht, in gleichartige Anwendungstypen eingeteilt werden. Diese gleichartigen Anwendungstypen müssen dann eine Klasse kooperierender User Agents bilden, welche untereinander durch ein noch zu entwickelndes „Groupware Messaging Proctocol P_G" im Rahmen der Protokollklasse P_c kommunizieren könnten.

Als Vorlage für ein solches noch zu entwickelndes „Groupware Messaging Proctocol P_G" könnte das bereits existierende Interpersonal Messaging Protocol P_2 herangezogen werden, welches ebenfalls der Protokollklasse P_c angehört. Natürlich würde das Protokoll P_G keine Protokollelemente zur interpersonellen Mitteilungsübermittlung, sondern die für die Kommunikation der entsprechenden Anwendungstypen notwendigen Elemente enthalten.

Die Hauptbestandteile eines solchen Protokolls P_G zur Mitteilungsübermittlung bestimmter Groupwaretypen (beispielsweise unter der Bezeichnung „Groupware Messaging, GM") könnten

♦ die Definition eines Satzes von Protokollelementen, von denen jedes Element eine standardisierte Syntax und Semantik besitzen müßte,

♦ der Betriebsablauf, den die vorstehend genannten Protokollelemente in den „GUAE" ausführen müßten sowie

♦ die Regeln, die eine „GUAE" zur Nutzung des MTL-Dienstes einhalten müßte

sein. Die Elemente würden dabei den Inhalt der Mitteilungen bilden, die zwischen den User Agent Entitäten der Groupwaretypen ausgetauscht werden. Es wäre ein „Groupware Messaging System (GMS)" zu entwickeln, welches Verursacher und Empfänger mit einem zum IPM-Dienst analogen „GM-Dienst" versorgt.

Als Beispiel kann hier eine Ressourcenmanagementapplikation[1] genannt werden, welche im Rahmen einer asynchronen Kommunikation Daten mit einer gleichartigen anderen Applikation vom selben Groupwaretyp, z.B. zur Terminabsprache, austauschen muß. Sämtliche für das Ressourcenmanagement notwendigen Daten wären im „Groupware Messaging Proctocol P_G" als Protokollelemente enthalten. Die „Groupware User Agent Entities (GUAE)" würden in diesem Fall aus einer bestimmten Anzahl von kooperierenden Ressourcenmanagement User Agents bestehen.

Die aus Abbildung 4.8 ersichtliche Schichtendarstellung eines zu entwickelnden „Groupware Messaging Systems" zeigt die schon in den vorherigen Abschnitten beschriebenen Schichten UAL und MTL, die Entitäten MTAE und SDE, die Protokolle P_1 und P_2 sowie

---

[1] wie in Abschnitt 2.3.8 (Ressourcenmanagement) vorgestellt.

die neu hinzugekommenen, in diesem Abschnitt beschriebenen, „Groupware User Agent Entities" und das „Groupware Messaging Proctocol P_G".

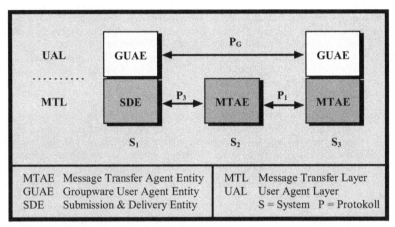

Abbildung 4.8: Schichtendarstellung des Groupware Messaging Systems

Bei einer derartigen Lösung zur Groupwareintegration wäre der User Agent, beispielsweise als ein für den Anwender unsichtbares eigenständiges Modul, Bestandteil der Groupwareapplikation. Alle User Agent Funktionen, welche das Protokoll P_G nicht beeinflussen, würden zu den erweiterten lokalen User Agent Funktionen gezählt und müßten im Rahmen eines zu entwickelten GMS nicht normiert werden. Selbstverständlich würde die „eigentliche" Groupwareapplikation[1] im Rahmen eines GMS ebenfalls nicht vereinheitlicht werden.

Ich habe das in diesem Abschnitt beschriebene, nicht real existierende, „Groupware Messaging Proctocol P_G" vorstehend immer als *ein* Protokoll bezeichnet. Selbstverständlich ist es denkbar, daß unterschiedliche Applikationen von Groupwaretypen[2] verschiedene Ausprägungen dieses Protokolls erfordern. Das Protokoll P_G wäre also eine Klasse von Protokollen. Da P_G aber bereits selbst der in X.400 definierten Klasse P_c von Protokollen für eine Gruppe kooperierender User Agents angehört, handelt es sich bei der Protokollklasse P_G in Wirklichkeit um eine Subklasse bzw. Unterklasse von Protokollen.

---

[1] die Groupwareanwendung ohne die User Agent Funktionalität.
[2] darunter sind Applikationen *verschiedener Typen* und nicht etwa verschiedene Applikationen des selben Typs, beispielsweise durch unterschiedliche Produkthersteller bedingt, zu verstehen.

4.4   Groupwareeinflüsse und Änderung der Normen

Bereits vor der Verabschiedung der CCITT-Normenserie X.400 am 19.10.1984 in Malaga-Torremolinos war erkennbar, daß externe Einflüsse eine Änderung und Erweiterung von X.400 in naher Zukunft unumgänglich machen würden. Noch vor der Standard offiziell Gültigkeit besaß wurden die Studiengruppen und Studienfragen für dessen Modifikation während der nächsten Studienperiode des CCITT zusammengestellt. Trotz der erkennbaren Schwächen wurde schon in der X.400 Version des Jahres 1984 ein mächtiges Message Handling System vorgestellt, welches durch die 1988 verabschiedete X.400 Version in vielen Teilen verbessert werden konnte.

Dieses Unterkapitel beschreibt exemplarisch die Einflüsse von Groupware und die Änderung der Normen von der X.400 Version 1984 auf die Version 1988 anhand zweier Beispiele. Zunächst wird dazu der Message Store, eine neue Instanz im funktionalen Modell von X.400, und anschließend die Verteilerliste beschrieben. In den folgenden Abschnitten wird ebenfalls auf die Notwendigkeit der Integration dieser neuen Bestandteile eingegangen. Selbstverständlich ist es an dieser Stelle nicht einmal annähernd möglich alle vorgenommenen Änderungen zu benennen. Für eine Referenz der Bestandteile wird auf die Dokumente der CCITT verwiesen[1].

4.4.1 Message Store

Eine große Anzahl von Groupwareapplikationen sind für Personalcomputer verfügbar. Um die Möglichkeiten von X.400 dort zu nutzen war es bisher notwendig, auf diesen Hardwareplattformen einen User Agent sowie das Protokoll P_3 zu implementieren[2]. Eine derartige Konfiguration besitzt jedoch zahlreiche Nachteile [2]. Die wesentlichen Nachteile sind:

- ♦ das Protokoll P_3 ist sehr umfangreich und übersteigt oft die Kapazität eines Personalcomputers,
- ♦ der PC ist kein zuverlässiges Speichermedium,
- ♦ da ein User Agent die Zustellung nicht (bzw. nur kurz) ablehnen kann wird die Speicherkapazität des Personalcomputers durch zugestellte Nachrichten stark belastet,
- ♦ Wenn der PC ausgeschaltet ist können keine Nachrichten zugestellt werden. Da es für diesen Fall keinen speziellen Diagnostic Code gibt erfährt der Sender in der „Non-delivery Notification" jedoch nicht den Grund,

---

[1] zu finden beispielsweise in den Blaubüchern: [100], [101] und [102].
[2] das Protokoll P_3 und der dazugehörende Systemtyp S_1 sind im Unterkapitel 4.3 (Groupware im Schichtenmodell von X.400) genauer spezifiziert.

♦ Nachrichten können nicht automatisch weitergeleitet werden. Ist der PC nicht aktiviert oder wird er für andere Zwecke verwendet, so werden die Nachrichten im MTA so lange zwischengespeichert, bis sie zugestellt werden können. Um eine Nachricht weiterzuleiten ist es erforderlich, daß sie zuerst zugestellt und anschließend erneut aufgegeben wird,

♦ auf Nachrichten, die lokal im User Agent des Personalcomputers gespeichert werden, kann von anderen Endgeräten aus nicht zugegriffen werden,

♦ bedingt durch das Protokoll P_3 ist es nicht möglich nur bestimmte Nachrichten beim MTA abzuholen. Es kann lediglich angegeben werden, welche Nachrichten nicht empfangen werden können oder sollen.

Die steigende Verfügbarkeit von Groupwareapplikationen mit integrierter Electronic Mail Funktionalität für Personalcomputer sowie die zunehmende Anzahl von S_1 Systemen[1] mit alleinstehenden User Agents hatten Einfluß auf die Änderung der CCITT-Norm X.400. Um gleichzeitig auch die vorstehend genannten Nachteile zu beseitigen wurde in der X.400 Version von 1988 eine neue Instanz „Message Store" (Nachrichtenspeicher) eingeführt. Die Abbildung 4.9 zeigt die Beziehung zwischen Message Transfer Agent (MTA), Message Store (MS) und User Agent (UA).

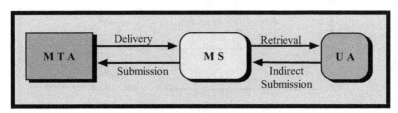

Abbildung 4.9: Beziehung zwischen Message Store, MTA und UA

---

[1] vgl. dazu Unterkapitel 4.3 (Groupware im Schichtenmodell von X.400).

In der Beziehung mit dem Message Transfer Agent und dem User Agent können beim Message Store die Ereignisse Delivery, Retrieval, Submission und Indirect Submission auftreten. Beim *Delivery* wird eine Mitteilung durch den Message Transfer Agent an den Message Store zugestellt. Beim *Retrieval* übergibt der Message Store nach entsprechender Aufforderung eine vom Message Transfer Agent zuvor zugestellte Mitteilung an den User Agent. Unter *Indirect Submission* wird die Übergabe einer Mitteilung vom User Agent des Absenders an den Message Store verstanden, mit dem Ziel der Weiterleitung an den nächsten Message Transfer Agent im Message Transfer System. Diese Weiterleitung des Message Store an den MTA wird als *Submission* bezeichnet. Die in Abbildung 4.9 nicht eingezeichnete *Direct Submission* bezeichnet die Übergabe einer Mitteilung vom User Agent des Absenders an einen Message Transfer Agent ohne Inanspruchnahme des Message Stores.

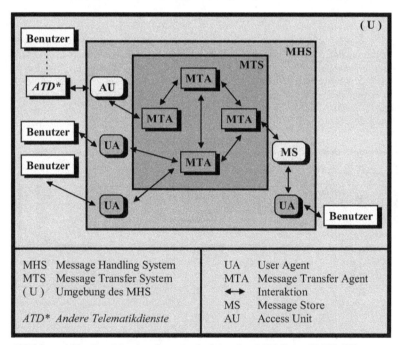

Abbildung 4.10: Der Message Store im funktionalen Modell von X.400 (88)

In der Abbildung 4.10 ist der Message Store in seiner Stellung innerhalb des funktiona-len Modells von X.400 in der Version des Jahres 1988 dargestellt. Aus der Abbildung ist die Stellung des Message Store innerhalb des Message Handling Systems sowie seine Beziehung zum Message Transfer System ersichtlich. Neben dem Message Store wurde im funktionalen Modell des Jahres 1988[1] eine weitere Instanz AU (Access Unit) sowie als Spezialfall die Instanz PDAU (Physical Delivery Access Unit) als Gateway zu anderen Telematikdiensten und zur Briefpost eingeführt. Auf diese neuen Instanzen werde ich hier jedoch nicht weiter eingehen.

Zusätzlich zu den anderen in einem normenkonformen Message Handling System vorhandenen Protokollen[2] wurde für den Zugang eines User Agent zu einem Message Store das Message Store Access Protocol P_7 eingeführt. In allen Fällen ist dabei der User Agent der Initiator einer Kommunikation mit dem Message Store. Der Message Store besitzt keine Möglichkeit zur aktiven Verbindungsaufnahme mit dem User Agent. Der Hauptvorteil des Message Store besteht in der Möglichkeit der Unterbringung in einem ständig verfügbaren System sowie der Unabhängigkeit von lokalen Systemen beim Zugriff auf archivierte Mitteilungen. Den bereits erwähnten Anforderungen von Groupwareapplikationen und lokalen auf Personalcomputern installierten User Agents wird hiermit Rechnung getragen.

4.4.2 Verteilerlisten

Ein weiterer Einfluß von Groupware läßt sich im Bereich der Gruppenkommunikation feststellen. In X.400 (84) ist zwar eine Unterstützung zur Auslieferung von Mitteilungen an verschiedene Empfänger vorhanden, jedoch wurde dort kein eigenes Konzept zur Gruppenkommunikation festgelegt. Viele Groupwareapplikationen besitzen Funktionalitäten zur Kommunikation. Bei einigen dieser Applikationen ist eine asynchrone Kommunikation an mehrere Partner erforderlich[3]. Die Anforderung an ein Message Handling System, eine solche Funktionalität zur Verfügung zu stellen, wurde in der Serie X.400 (88) unter der Bezeichnung „Verteilerliste" berücksichtigt und neu in die Normen mit aufgenommen.

Die Aufgabe einer Verteilerliste im Sinne von X.400 besteht in der Verbreitung von Mitteilungen, welche an die Verteilerliste gesendet wurden, an alle Mitglieder dieser Liste. Dieser Vorgang der Verbreitung wird als Expansion der Verteilerliste bezeichnet. Da es oft wünschenswert ist, daß nicht jeder beliebige Teilnehmer Mitteilungen über die Verteilerliste an andere Teilnehmer verbreiten darf, lassen sich Teilnehmerberechtigungen zur Benutzung dieser Liste definieren. Ein einzelner zu Beginn zu spezifizierender Teilnehmer hat als Besitzer der Verteilerliste das Recht zur Verwaltung. Er kann Modifikationen im Sinne von Neueinträgen, Änderungen und Löschungen an der Liste vornehmen.

Es ist möglich (und oft auch sehr sinnvoll), daß eine Verteilerliste selbst Mitglied in einer anderen Verteilerliste ist bzw. als Mitglieder Verteilerlisten enthält. Beispielsweise erscheint der Einsatz von verschachtelten Verteilerlisten dort sinnvoll, wo

---

[1] vgl. dazu auch das im Abschnitt 4.1.2 (Das Message Handling Modell) dargestellte funktionale Modell aus den CCITT-Empfehlungen des Jahres 1984.

[2] vgl. dazu Abschnitt 4.3.2 (Protokolle und Instanzen).

[3] beispielsweise die in Abschnitt 2.3.3 (Bulletin Boards) dargestellten Systeme.

- ◆ eine Verteilerliste aufgrund der Anzahl der Einträge zu groß und zu unübersichtlich wird,
- ◆ die Mitglieder eines Verteilers über mehrere Orte verteilt sind und durch Verwendung von Verteilerlisten eine Optimierung des Nachrichtenverkehrs erzielt werden kann,
- ◆ die Mitglieder eines Verteilers unterschiedlichen organisatorischen Einheiten angehören und sich somit eine dezentrale Verwaltung aufgrund organisatorischer Gegebenheiten anbietet,
- ◆ bereits existierende, von anderen definierte Verteilerlisten mitbenutzt werden sollen.

Verschachtelte Verteilerlisten besitzen aber auch die zwei grundsätzliche Nachteile einer Verschachtelung, die Duplikation und die Rekursion. Bei der *Duplikation* erhält ein Teilnehmer aufgrund der Tatsache, daß er in mehreren, in diesem Fall miteinander verbundenen, Verteilerlisten aufgeführt ist, unerwünschterweise mehrere Exemplare einer Mitteilung. Es ist jedoch möglich, daß der User Agent des Teilnehmers bzw. der im vorherigen Abschnitt vorgestellte Message Store aufgrund der eindeutigen Identifikation von Mitteilungen die überzähligen Exemplare erkennt und entfernt. Bei der *Rekursion* besteht die Gefahr von nichtterminierenden Schleifen, verursacht durch eine Mitteilung, welche über eine Verteilerliste an eine andere Verteilerliste gesendet wird, auf der sie bereits zuvor schon expandiert wurde. Durch technische Maßnahmen im Protokoll P_1 ist es jedoch möglich, durch „Loop Control" Schleifen zu entdecken und damit auch zu verhindern[1].

```
mhs-distribution-list OBJECT-CLASS
    SUBCLASS OF top
    MUST CONTAIN {
        commonName,
        mhs-dl-submit-permissions,
        mhs-or-address }
    MAY CONTAIN {
        description,
        organization,
        organizationalUnitName,
        owner,
        seeAlso,
        mhs-deliverable-content-types,
```

---

[1] da P_1 zwischen den einzelnen Message Transfer Agents eingesetzt wird muß auch die Untersuchung auf Schleifen zwischen den einzelnen MTA erfolgen. Details zum Protokoll P_1 wurden im Abschnitt 4.3.2 (Protokolle und Instanzen) aufgeführt.

```
                  mhs-deliverable-eits,
                  mhs-dl-members,
                  mhs-preferred-delivery-methods }
         ::=   id-oc-mhs-distribution-list
```

Abbildung 4.11: Objektklasse für X.400 Verteilerlisten

Die Abbildung 4.11 zeigt die in X.402 definierte Objektklasse für Verteilerlisten [101]. Die Adresse einer Verteilerliste (Distribution List, DL) ist eine normale O/R-Adresse[1], wobei ihr Attribut *commonName* frei wählbar ist. Es kann nicht bereits zwangsläufig aus dem Namen erkannt werden, daß es sich hierbei um eine Verteilerliste handelt, da dieses Attribut auch für andere Zwecke verwendet werden kann. Mittels des Dienstelementes *DL Expansion Prohibited* kann der Absender jedoch die Verbreitung einer von ihm erzeugten Mitteilung über eine Verteilerliste unterbinden.

In der Adresse einer Verteilerliste befindet sich die Bezeichnung des Message Transfer Agents bei welchem die Expansion durchgeführt wird. Dieser MTA wird als *DL Expansion Point* bezeichnet. Prinzipiell wäre auch eine Expansion direkt beim Absender möglich, allerdings müßte in diesem Fall schon dort eine Überprüfung auf Rekursionen durchgeführt werden. Im Attribut *mhs-dl-submit-permissions* sind die Namen aller Absender, die Mitteilungen an die Verteilerliste senden dürfen, enthalten. Das Attribut *mhs-dl-members* enthält die O/R-Namen aller Teilnehmer, welche die an die Verteilerliste gesendete Mitteilung erhalten sollen.

Message Store und Verteilerliste sind natürlich nur Beispiele für die Änderungen, die durch externe Einflüsse in den CCITT-Normen erforderlich wurden. Die große Anzahl von Änderungen läßt nur eine exemplarische Darstellung anhand ausgewählter Beispiele zu. Selbstverständlich wurden in die X.400 Version von 1988 aber auch völlig neue Bestandteile mit aufgenommen. Das neue Sicherheitsmodell gehört zu diesen neuen Bestandteilen und wird im folgenden Unterkapitel beschrieben.

4.5   Sicherheit

Der kommerzielle Einsatz eines Message Handling Systems stellt hohe Anforderungen an dessen Sicherheit. Auch in Groupwareapplikationen, welche die Dienste eines MHS als Kommunikationsbasis in Anspruch nehmen, dürfen nur insofern sensitive Daten verarbeitet werden als deren Sicherheit auch während des Transports durch das Message Handling System gewährleistet ist. Das schwächste Glied dieser Verarbeitungs- bzw. Transportkette ist

---
[1] Originator/Recipient-Adresse; vgl. Abschnitt 4.1.4 (Adressierung im MHS).

hier als Maßstab für eine Zulassung von sicherheitsrelevanten Daten zur Verarbeitung und Aufbewahrung in einem derartigen System zu nehmen. Dazu sind Kenntnisse über die Risiken und Sicherheitskonzepte in einem MHS erforderlich.

Im folgenden Abschnitt werden zunächst die Sicherheitsrisiken in einem Message Handling System dargestellt und eine mögliche Bedrohung von außerhalb und innerhalb des Systems skizziert. Daran anschließend werden grundlegende Sicherheitskonzepte sowie Methoden zur Verschlüsselung aus dem Bereich der Kryptographie vorgestellt. Im letzten Abschnitt dieses Unterkapitels werden schließlich die in X.400 (88) neu integrierten Methoden zur Sicherheitsunterstützung beschrieben.

4.5.1 Sicherheitsrisiken in einem MHS

Um beurteilen zu können ob ein Sicherheitskonzept einen wirkungsvollen Schutz bietet ist es erforderlich die Risiken zu kennen, welchen ein Message Handling System in bezug auf Sicherheit ausgesetzt ist. In den X.400 Empfehlungen von 1988 [101] werden zum Thema „Bedrohung der Sicherheit im MHS" die folgenden vier Kategorien gebildet:

- ♦ Bedrohungen des Zuganges,
- ♦ Bedrohungen von außen beim Austausch von Mitteilungen,
- ♦ Bedrohungen beim Austausch von Mitteilungen durch die Kommunikationspartner selbst,
- ♦ Bedrohungen für Speicherinhalte.

Unter *Bedrohungen des Zuganges* wird die Gefahr eines unerlaubten Zuganges zum Message Handling System von einem diesbezüglich nicht befugten Benutzer verstanden. Das Sicherheitsrisiko im System darf hierbei keinesfalls unterschätzt werden. Durch zuverlässige Abwehr dieser Bedrohung kann das Risiko erheblich minimiert werden.

Unter der *Bedrohung von außen beim Austausch von Mitteilungen* versteht man das von Personen, welche nicht in den Meinungsaustausch integriert sind, entstehende Sicherheitsrisiko. Das Regelwerk unterscheidet hier zwischen Maskierung, Änderung von Mitteilungen, Wiederabspielen und Verkehrsanalyse. Bei der *Maskierung* gibt sich ein Kommunikationspartner als ein anderer Teilnehmer aus. Kann in einem MHS nicht zuverlässig erkannt werden, mit wem kommuniziert wird, so können leicht sensitive Daten an die falschen Partner weitergegeben werden. Unter der *Änderung* von Mitteilungen versteht man die Modifikation während die Mitteilung zwischen Absender und Empfänger transferiert wird. Beim *Wiederabspielen* werden Mitteilungen von einem Unbekannten aufgezeichnet und zu einem späteren Zeitpunkt dem beabsichtigten Empfänger zugespielt. Die *Verkehrsanalyse* kann einem Unbekannten Aufschluß darüber geben, ob und ggf. wieviel, sowie zu welchem Zeitpunkt Daten zwischen zwei Kommunikationspartnern ausgetauscht werden. Selbst ohne den Inhalt zu ermitteln kann die Menge an übertragenen Informationen zwischen bestimmten Teilnehmern genügen, um daraus folgerichtige Schlüsse zu ziehen.

Bei der *Bedrohung beim Austausch von Mitteilungen durch die Kommunikationspartner selbst* wird zwischen der Leugnung von Mitteilungen und der Verletzung der Sicherheitsstufe unterschieden. Die *Leugnung von Mitteilungen* bezeichnet das Ableugnen eines tatsächlichen Kommunikationspartners an der Kommunikation teilgenommen zu haben, beispielsweise um sich vor den rechtlichen oder sozialen Konsequenzen zu schützen. Unter der *Verletzung der Sicherheitsstufe* wird das Senden und Empfangen von Mitteilungen verstanden, die nicht der eigenen Sicherheitsstufe entsprechen.

Die *Bedrohung von Speicherinhalten* richtet sich vor allem auf die Änderung von Leitweginformationen und das Vorabspielen. Die *Änderung von Leitweginformationen* bezeichnet Modifikationen von Verzeichnissen die dazu führen können, daß Mitteilungen fehlgeleitet werden oder sogar verloren gehen. Beispiele hierfür wären die unerlaubte Änderung der „verzögerten Empfangsübergabe[1]" oder der „Aufbewahrung bis zur späteren Empfangsübergabe im Message Store[2]". Unter *Vorabspielen* wird das Kopieren einer verzögerten Mitteilung durch einen Unbekannten verstanden, mit dem Ziel diese Kopie an den Empfänger zu senden, während sich das Original noch zur späteren Empfangsübergabe im Message Transfer Agent befindet.

Die vorstehend genannten potentiellen Sicherheitsrisiken in einem Message Handling System lassen erkennen, was für eine wichtige Rolle die Sicherheitsunterstützung in einem MHS spielt. Der folgende Abschnitt stellt nun grundlegende Sicherheitskonzepte vor. Im darauffolgenden Abschnitt wird dann die Sicherheitsunterstützung in X.400 beschrieben.

4.5.2 Grundlegende Sicherheitskonzepte

Die Sicherheitsunterstützung in X.400 basiert im Wesentlichen auf den Grundlagen der Kryptographie. Im Rahmen der grundlegenden Sicherheitskonzepte sollen hier die beiden heute gängigen Kryptosysteme vorgestellt werden. Der Einsatz solcher Methoden in einem Message Handling System hat die Aufgabe, Mitteilungen vor den im vorherigen Abschnitt beschriebenen Bedrohungen, hauptsächlich vor unbefugtem Lesen und Modifikationen, zu schützen. Zu diesem Zweck werden die Mitteilungen chiffriert und können nur vom berechtigten Empfänger wieder dechiffriert werden.

Systeme der Kryptographie werden unterschieden in symmetrische und asymmetrische Kryptosysteme. *Symmetrische Kryptosysteme* verwenden sowohl für die Verschlüsselung als auch für die Entschlüsselung den gleichen Schlüssel (key), welcher allen Beteiligten bekannt sein muß und Unbefugten gegenüber geheimzuhalten ist. Derartige Chiffriersysteme existieren schon sehr lange, besitzen jedoch die folgenden Nachteile:

---

[1] vgl. Abschnitt 4.2.2 (Dienstmerkmale in X.400).
[2] vgl. Abschnitt 4.4.1 (Message Store).

♦ Sender und Empfänger müssen den geheimzuhaltenden Schlüssel kennen; die Erstübergabe eines Schlüssels muß also auf sicherem Wege erfolgen,

♦ es sind keine elektronischen Unterschriften möglich,

♦ es muß unter allen Kommunikationspartnern ein Vertrauensver-hältnis bestehen, da bereits durch *eine* undichte Stelle (beispiels-weise die Weitergabe des Schlüssels an Dritte durch *einen* Kom-munikationspartner) das Sicherheitskonzept untergraben wird,

Asymmetrische Kryptosysteme hingegen verwenden für die Chiffrierung und Dechiffrie-rung unterschiedliche Schlüssel und unterscheiden zwischen öffentlichen Schlüsseln (public key) und privaten oder geheimen Schlüsseln (secret key). Mit diesen beiden Schlüsseln kön-nen nun sowohl Mitteilungen zum Zweck der Übertragung verschlüsselt und entschlüsselt als auch elektronische Unterschriften erzeugt und verifiziert werden. Zur Chiffrierung wird dabei der Chiffrierschlüssel zum öffentlichen Schlüssel wobei der Dechiffrierschlüssel geheimzu-halten ist, während bei der digitalen Signatur der Dechiffrierschlüssel zum öffentlichen Schlüssel wird und der Chiffrierschlüssel geheimzuhalten ist.

Von den asymmetrischen Chiffriersystemen konnte sich hauptsächlich das RSA-Kryptosystem[1] durchsetzen. Dieses Verfahren hat den Vorteil, daß pro Teilnehmer nur ein geheimer und ein öffentlicher Schlüssel notwendig sind und mit diesem dann Chiffrierung, Dechiffrierung, elektronische Unterschrift und Verifikation der elektronischen Unterschrift möglich sind.

---

[1] das RSA-Kryptosystem ist heute beispielsweise als Public-Domain-Programm „Pretty Good Privacy (PGP)" für alle gängige Hardwareplattformen verfügbar. PGP bietet einen wirkungsvollen Schutzmechanismus sowie eine einfache, komfortable Bedienung und zahlreiche Zusatzfunktionen (z. B. zur Verwaltung von öffentlichen Schlüsseln, „trustlevels", „public-key-cancel" u.s.w.).

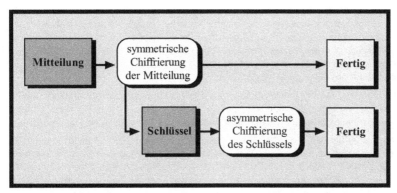

Abbildung 4.12: Kombination symmetrischer und asymmetrischer Kryptosysteme

Der Hauptnachteil von asymmetrischen Chiffriersystemen besteht in der immensen Rechenaufwendigkeit im Gegensatz zu symmetrischen Systemen. Es bietet sich daher an die Vorteile beider Systeme, wie in Abbildung 4.12 dargestellt, zu verbinden. Dies kann beispielsweise dadurch geschehen, daß die (relativ lange) Mitteilung mit einem effizienten symmetrischen System verschlüsselt wird und der (relativ kurze) symmetrische Chiffrierschlüssel anschließend mit einem asymmetrischen Verfahren chiffriert und an den Kommunikationspartner übermittelt wird. Selbstverständlich kann eine solche Vorgehensweise mittels geeigneter Software so automatisiert werden, daß nur wenige manuelle Eingaben erforderlich sind.

4.5.3 Sicherheitsunterstützung in X.400 (88)

In X.400 (88) wurden zahlreiche Funktionen zur Unterstützung sicherer Mitteilungsübermittlung in die CCITT-Empfehlungen aufgenommen. Dieser Abschnitt stellt die neuen Methoden zur Sicherheitsunterstützung vor, indem die Sicherheitselemente aufgeführt und erläutert werden.

Mit Hilfe der *Peer Entity Authentication* ist es den Kommunikationspartnern möglich, sich durch den Austausch bestimmter Datenelemente in regelmäßigen Zeitabständen gegenseitig von der Authentizität zu überzeugen. Die *Message Origin Authentication* erlaubt dem Mitteilungsempfänger, sich von der Herkunft einer Mitteilung zu überzeugen. Erreicht wird dies durch das im vorherigen Abschnitt vorgestellte Verfahren den elektronischen Unterschrift. Nach dem selben Verfahren wird die *Content Integrity*, d.h. die Sicherstellung, daß eine Mitteilung während der Übertragung nicht verändert wurde, gewährleistet.

Die *Content Confidentiality* hat die Aufgabe sicherzustellen, daß nur der berechtigte Empfänger die Mitteilung lesen kann. Erreicht wird dies durch die symmetrische Chiffrierung der Mitteilung durch einen zufallsgenerierten Mitteilungsschlüssel und anschließende asymmetrischen Chiffrierung des Mitteilungsschlüssels mit dem „public key" des Empfängers[1]. Durch *Message Sequence Integrity* wird gewährleistet, daß einerseits keine Mitteilungen fehlen oder dupliziert wurden sowie andererseits die Reihenfolge in der Mitteilungen versendet wurden beim Empfang erkannt werden kann.

Mit *Proof of Delivery* wird der Empfang einer Mitteilung elektronisch nach dem bereits vorgestellten Verfahren der digitalen Signatur bestätigt. *Proof of Submission* bestätigt dagegen die Versendung, also die Übergabe der Mitteilung an einen Message Transfer Agent.

Wie schon bei den Sicherheitsrisiken[2] erwähnt, kann die Verkehrsanalyse einem Unbekannten Aufschluß darüber geben, ob und wieviel Daten übertragen werden. Selbst wenn die Mitteilung als solche sehr gut verschlüsselt ist können diese Auswertungen aussagekräftige Ergebnisse über Zeitpunkt, Anzahl und Intensität der Kommunikation liefern. Um dieses Sicherheitsrisiko auszuschalten kann in X.400 mittels *Message Flow Confidentiality* das Ergebnis einer solchen statistischen Analyse stark beeinflußt werden. Durch Versenden von Leermeldungen, abweichendes Routing von Mitteilungen sowie den Einsatz von Zwischenempfängern kann dies erreicht werden.

Begrifflich wird in den CCITT-Normen im Bereich der Sicherheitsunterstützung zwischen dem Sicherheitsdienst, Sicherheitsdienstelementen, Sicherheitselementen und Sicherheitsargumenten unterschieden. Der Begriff *Sicherheitsdienst* stammt aus dem OSI-Referenzmodell und legt Regeln zur Sicherung eines nach OSI strukturierten Kommunikationssystems fest. Als *Sicherheitsdienstelemente* werden alle Dienste des Message Handling Systems bezeichnet, die mit dem Thema Sicherheit in Verbindung stehen. *Sicherheitselemente* sind durch die Verwendung von Sicherheitsargumenten realisierte Funktionen, die in den Operationen angeboten werden. *Sicherheitsargumente* sind sicherheitsspezifische Felder, die in den verschiedenen Operationen vorgesehen sind.

Die Empfehlungen der Serie X.400 (88) enthalten wirksame Methoden zur Sicherheitsunterstützung und Realisierung von sicheren Message Handling Systemen. Der Großteil der Implementierungen[3] basiert heute aber noch auf dem X.400 Standard des Jahres 1984, welcher keine Sicherheitsunterstützung enthält. In den nächsten Jahren dürfte sich die Zahl der X.400 Implementierungen des Standards von 1988 jedoch erheblich erhöhen.

---

[1] vgl. dazu Abschnitt 4.5.2 (Grundlegende Sicherheitskonzepte) und Abbildung 4.12 (Kombination symmetrischer und asymmetrischer Kryptosysteme).
[2] vgl. Abschnitt 4.5.1 (Sicherheitsrisiken in einem MHS).
[3] bis CCITT-Empfehlungen kommerziell realisiert und auf breiter Basis implementiert werden vergehen zwischen der Verabschiedung des Standards und der Implementierung durchschnittlich sieben Jahre [105].

Kapitel 5

VERZEICHNISDIENSTE (X.500)

Als Kritik an X.400 wird häufig die nicht nur für Laien zu komplizierte und schreibaufwendige Adressierung im Message Handling System genannt. Weiterhin besteht auch bei Message Handling Systemen das typische Problem, aufgrund von bekannten Attributen einen eindeutigen Namen[1] zu bestimmen. Für beide Probleme können Verzeichnisdienste Lösungen anbieten. In Verbindung mit komfortablen grafischen User Agents können Verzeichnisdienste die Adressierung wesentlich vereinfachen, indem sie das komplizierte Adressierungsschema vom Benutzer fernhalten. Ähnlich wie beim Telefonbuch aufgrund von Vor- und Zunamen eine Telefonnummer gefunden werden kann, liefert der Verzeichnisdienst aufgrund von bekannten Attributen den für die Kommunikation erforderlichen O/R-Namen[2].

Das Unterkapitel 5.1 stellt zunächst einige ausgewählte Grundlagen von Verzeichnisdiensten vor. Abschnitt 5.1.1 gibt einen Überblick über die Empfehlungen der Serie X.500, Abschnitt 5.1.2 stellt die Notwendigkeit von Verzeichnissystemen dar und Abschnitt 5.1.3 zeigt das funktionale Modell von X.500 und erklärt die Aufgaben von Directory User Agent (DUA) und Directory System Agent (DSA).

Im Unterkapitel 5.2 wird die verteilte Architektur von X.500 behandelt, welche die CCITT-Empfehlungen für Verzeichnisdienste besonders für die Verwaltung von komplexen und von vielen Unterorganisationen abhängigen Verzeichnissen mit der Notwendigkeit zur dezentralen Verwaltung interessant erscheinen läßt. Die einzelnen Abschnitte geben einen Einblick in die Verteilung der Funktionen, Daten und Operationen.

Unterkapitel 5.3 stellt abschließend einige Sicherheitsaspekte sowie Einflüsse und mögliche Änderungen der Normen vor.

---

[1] gemeint ist ein Name im Sinne von X.400; vgl. Kapitel 4 (Message Handling Systeme).
[2] Originator/Recipient-Namen; vgl. Abschnitt 4.1.4 (Adressierung im MHS).

5.1 Grundlagen

In diesem Unterkapitel sollen die wichtigsten Grundlagen von Verzeichnissystemen kurz dargestellt werden. Der Abschnitt 5.1.1 gibt dazu einen Überblick über die Empfehlungen der Serie X.500 und nennt die einzelnen Bestandteile. Im darauf folgenden Abschnitt wird die Notwendigkeit von Verzeichnissystemen beschrieben und bereits ein kurzer Einblick in die Funktionalität gewährt. Der Abschnitt 5.1.3 beschreibt schließlich das funktionale Modell von X.500 und erklärt die verschiedenen Kommunikationsoperationen zur Befragung und Modifikation des Verzeichnisses.

5.1.1 Übersicht der Empfehlungen der Serie X.500

Mit der Normierung von Verzeichnisdiensten befaßten sich ursprünglich die Arbeitsgruppen der ISO in Zusammenarbeit mit der IEC. Für die Verzeichnisdienste existiert der von der ISO entwickelte internationale Standard ISO-9594, welcher aus den acht Abschnitten ISO-9594-1 bis ISO-9594-8 besteht. Vom CCITT wurden in der Plenarversammlung von 1988 die Empfehlungen für Verzeichnisdienste in Anlehnung an die ISO-Normen als Serie X.500 verabschiedet. Die Abbildung 5.1 gibt einen Überblick über die Bestandteile dieser Serie.

Empfehlung	Inhalt
X.500	Konzepte, Modelle und Dienste des Verzeichnisses
X.501	Das Verzeichnis und seine Modelle (ISO-9594-2)
X.509	Authentifizierungen / Sicherheit (ISO-9594-8)
X.511	Definition eines abstrakten Dienstes (ISO-9594-3)
X.518	Verfahren für verteilte Operationen (ISO-9594-4)
X.519	Protokollspezifikationen (ISO-9594-5)
X.520	Ausgewählte Attributtypen (ISO-9594-6)
X.521	Ausgewählte Objektklassen (ISO-9594-7)

Abbildung 5.1: Bestandteile der Serie X.500

5.1.2 Notwendigkeit von Verzeichnissystemen

Eine Person, eine Mailbox oder ein Rechner sind Beispiele für *reale Objekte* in einem Kommunikationssystem. Die Informationen über ein reales Objekt werden als *logisches Objekt* bezeichnet und durch einen *Eintrag* repräsentiert. Die Identifikation von realen Objekten erfolgt durch einen *Objektnamen*. Nach Möglichkeit sollten Objektnamen während ihrer gesamten Lebensdauer unverändert bleiben, d.h. möglichst keine sich ändernden Bestandteile[1] enthalten. Um eine Kommunikation zwischen realen Objekten zu ermöglichen muß die Position des realen Objektes innerhalb eines Kommunikationssystems bekannt sein. Zu diesem Zweck werden *Adressen* verwendet. Eine Adresse identifiziert ein Objekt zwar eindeutig, ist aber als Objektname ungeeignet, da die Adresse von der Stellung im Kommunikationssystem abhängt und sich Teile davon ändern können.

Die *Aufgabe des Verzeichnisdienstes* ist die *Zuordnung einer Menge von Attributen zum Namen eines realen Objektes*. Diese Attribute können beispielsweise die Adresse des Objektes sowie jede andere wissenswerte Information über das Objekt sein. Weiterhin bietet der Verzeichnisdienst Operationen für die Modifikation und die Abfrage des Verzeichnisses an. Modifikationen bezeichnen hier nicht nur die Änderung von bestehenden Einträgen, sondern auch das Einfügen und Entfernen von Einträgen. Bei den Operationen zur Abfrage des Verzeichnisses werden White-Pages-Abfragen und Yellow-Pages-Abfragen unterschieden. *White-Pages-Abfragen* dienen zum Ermitteln von gespeicherten Attributen zu gegebenen Namen während *Yellow-Pages-Abfragen* dazu dienen, die Namen von Objekten zu ermitteln, welche bestimmten Kriterien entsprechen.

Eine Menge von realen Systemen, welche zum Angebot von Verzeichnisdiensten verbunden sind, werden als *Verzeichnissystem* bezeichnet. Die Aufgabe dieses Verzeichnissystems ist die Verwaltung des Verzeichnisses und die Erbringung von Verzeichnisdiensten. Da die Daten eines weltweiten Verzeichnissystems viel besser dezentral vor Ort verwaltet werden können und das Datenvolumen sehr umfangreich ist, stellt sich die Forderung nach verteilten Verzeichnissystemen. Im Gegensatz zu verteilten Datenbanken besitzen Verzeichnissysteme jedoch nur eine beschränkte Konsistenz der Daten. Operationen auf verteilten Datenbanken müssen die Konsistenz der Daten garantieren. Operationen auf Verzeichnissysteme müssen *mit einer hohen Wahrscheinlichkeit* korrekte Daten liefern [73], d.h. daß das Verzeichnissystem nach einer Änderung für ein bestimmtes Zeitintervall inkonsistent sein darf. Dies kann u.a. deshalb toleriert werden, da Verzeichnissysteme viel häufiger abgefragt als geändert werden.

---

[1] wie beispielsweise die Position innerhalb eines bestimmten Koordinatensystems oder die Stellung innerhalb einer bestimmten Hierarchie.

5.1.3 Das funktionale Modell

Aus Benutzersicht ist das Verzeichnis ein System unbekannten Aufbaus, welches seine Dienste über wohldefinierte Zugriffspunkte zur Verfügung stellt. Ein Benutzer kann in diesem Modell sowohl eine Person als auch ein Prozeß sein. Der Benutzer nimmt die Dienste des Verzeichnissystems mit Hilfe des Directory User Agents (DUA) in Anspruch. Im Rahmen einer verbindungsorientierten Kommunikation werden zwischen dem DUA und dem Verzeichnissystem nach bestimmten Regeln Informationen ausgetauscht. In Abbildung 5.2 zeigt eine grafische Darstellung den Aufbau des aus Directory System Agents bestehenden Verzeichnisses. Wie beschrieben kommunizieren hier die Benutzer, vertreten durch ihre DUA's, über Zugriffspunkte mit dem Verzeichnissystem.

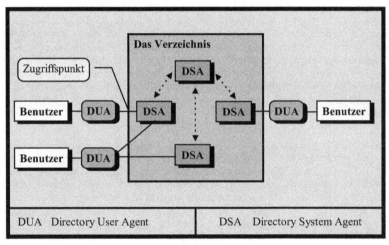

Abbildung 5.2: Das funktionale Modell von X.500

Die Kommunikation mit dem Verzeichnissystem dient typischerweise zur Befragung oder Modifikation des Verzeichnisses. Zur *Befragung des Verzeichnisses* stehen Operationen zum Lesen, Vergleichen, Listen, Suchen und Abbrechen zur Verfügung. Die Anfrage *Lesen* muß auf einen bestimmten Eintrag bezogen sein und gibt die Werte von ausgewählten oder allen zu diesem Eintrag gehörenden Attributen zurück. Die Anfrage *Vergleichen* wird verwendet, um ein zu übergebendes Attribut mit dem dazugehörigen Eintrag im Verzeichnis zu vergleichen. Diese Anfrage kann beispielsweise zur Überprüfung von Paßwörtern verwendet werden. Dabei ist das im Verzeichnis gespeicherte Paßwort dann sinnvollerweise nicht zum Lesen, sondern nur zum Vergleich freigegeben. Eine Anfrage *Listen* dient dazu, alle unmittelbar untergeordneten Objekte im Directory Information Tree (DIT) aufzulisten. Die Anfrage *Suchen* ist nützlich um aufgrund eines gesetzten Filters Informationen aller entsprechenden Einträge zu erhalten. Wie bei der Anfrage Lesen können die Informationen aus allen oder nur bestimmten Attributen der entsprechenden Einträge bestehen. Eine Anfrage *Abbrechen* kann dazu verwendet werden das Verzeichnissystem darüber zu informieren, daß der Verursacher der Anfrage an einer Antwort nicht mehr interessiert ist.

Zur *Modifikation des Verzeichnisses* stehen Operationen zum Hinzufügen eines Eintrages, Entfernen eines Eintrages, Ändern eines Eintrages und Ändern eines herausgehobenen Namens zur Verfügung. Die Anfrage nach *Hinzufügen eines Eintrages* bewirkt, daß für einen Knoten des Directory Information Tree entweder ein Objekteintrag oder ein Aliaseintrag hinzugefügt wird, während die Anfrage zum *Entfernen eines Eintrages* die Löschung eines DIT-Knotens zur Folge hat. Die Anfrage nach *Ändern eines Eintrages* bewirkt, daß in einem Eintrag bestimmte Änderungen vorgenommen werden, wobei entweder alle oder keine Änderungen durchgeführt werden und das Verzeichnis immer in einem mit dem Schema verträglichen Zustand gehalten wird. Die Anfrage *Ändern des herausgehobenen Namens* veranlaßt, daß ein Knoteneintrag (d.h. ein Objekteintrag oder ein Aliaseintrag) den übergebenen Attributen entsprechend geändert wird.

5.2 Verteilte Architektur

Das Konzept der verteilten Architektur bietet sich insbesondere dort an, wo umfangreiche Daten von verschiedenen Unterorganisationen abhängen und gegebenenfalls dezentral verwaltet werden müssen. Gerade bei Verzeichnissystemen ist dies in besonderem Ausmaß der Fall. Im Kapitel 2 habe ich an Groupwareapplikationen die Anforderung gestellt, kurze Antwortzeiten, hohe Verfügbarkeit aller erforderlichen Daten sowie ortsunabhängige Funktionalität zu bieten. Bei der Integration eines Verzeichnisdienstes in die Groupwareapplikation gilt diese Anforderung selbstverständlich auch für den Verzeichnisdienst. Besonders durch schnelle Reaktionsmöglichkeit und hohe Verfügbarkeit zeichnen sich verteilte Architekturen aus. Es bietet sich aufgrund der genannten Argumente also durchaus an, für die Konzeption von Verzeichnisdiensten eine verteilte Architektur zu berücksichtigen.

In den CCITT-Empfehlungen der Serie X.500 wurde der Aspekt der verteilten Architektur bereits berücksichtigt. Dieses Unterkapitel stellt den Aspekt anhand der Verteilung der Funktionen, Verteilung der Daten und Verteilung der Operationen dar. Die „Verteilung der Funktionen" beschäftigt sich mit der interfunktionalen Zusammenarbeit von Directory System Agents. Im Abschnitt „Verteilung der Daten" wird zunächst der Directory Information Tree vorgestellt, um anschließend dessen Aufteilung in Kontexte zum Zwecke der Datenverteilung sowie die verschiedenen Arten der Referenzierung zwischen DSA's zu beschreiben. Referenzierungsverfahren stellen in X.500 eine wichtige Grundlage dar, um das Wissen über die Verteilung von Kontexten zu verwalten. Die „Verteilung der Operationen" beschreibt abschließend sowohl die für die Zusammenarbeit von Directory System Agents notwendigen Interaktionsmodi als auch die einzelnen Phasen der Bearbeitung einer Anwenderanfrage an das X.500 Verzeichnissystem.

5.2.1 Verteilung der Funktionen

Die Abbildung 5.2 hat im Abschnitt 5.1.3 veranschaulicht, daß das Verzeichnis aus mehreren miteinander verbundenen Directory System Agents (DSA) besteht. Diese Directory System Agents sind gemeinsam für die Erbringung des Verzeichnisdienstes verantwortlich und müssen einen ortsunabhängigen Zugang gewährleisten. Da jeder DSA nur einen Teil des gesamten Verzeichnisses verwaltet, muß ein DSA die Fähigkeit zur Zerlegung eines Benutzerauftrages in Teilaufträge und Beauftragung anderer Directory System Agents mit der Bearbeitung besitzen. Der DSA bietet seinen Dienst[1] sowohl anderen Directory System Agents als auch Directory User Agents (DUA) an.

Ein DSA ist in den CCITT-Empfehlungen definiert als ein „[...]" OSI-Anwendungsprozeß, der Teil des Verzeichnisses ist und dessen Aufgabe darin besteht, DUA's und/oder anderen DSA's den Zugang zu der Verzeichnisinformationsbasis (DIB) zu ermöglichen" [103]. Dabei kann der DSA Anfragen aufgrund seiner lokalen Datenbasis bearbeiten oder mit anderen DSA's zusammenarbeiten um die Anfrage zu beantworten. Ein DUA arbeitet über mindestens einen DSA mit dem Verzeichnis zusammen. Er kann um Anfragen zu erledigen auch direkt mit mehreren verschiedenen DSA's zusammenarbeiten.

Damit nun mehrere Directory System Agents in der Lage sind miteinander sinnvoll zu kommunizieren ist es erforderlich, eine klare Abgrenzung des Aufgabenbereichs eines jeden einzelnen DSA's vorzunehmen. Zu diesem Zweck ist es notwendig, daß jeder DSA bestimmte Daten verwaltet und über Referenzen verfügt, wo sich die Daten befinden, die nicht bei ihm lokal verwaltet werden. Im nächsten Abschnitt wird diese Thematik der Datenverteilung in einem Verzeichnissystem beschrieben.

5.2.2 Verteilung der Daten

Obwohl für einen Benutzer bei der Arbeit mit dem Verzeichnisdienst der Eindruck entstehen könnte, daß er auf eine große lokalen Datenbank zugreife, können die Daten des Verzeichnissystems weltweit verteilt sein. Um die Verteilung der Daten beschreiben zu können ist es zunächst jedoch erforderlich, den Aufbau des Directory Information Tree (DIT) zu kennen.

---

[1] die dazugehörenden Operationen zur Modifikation und Befragung wurden im Abschnitt 5.1.3 (Das funktionale Modell) dargestellt.

Der DIT stellt die Strukturierung des Verzeichnissystems in Baumform dar. Die Wurzel (root) des DIT enthält einen Eintrag mit leerem Namen. Unter diesem Eintrag folgen Einträge ähnlich des Adressierungsschemas[1] von X.400 in umgekehrter Reihenfolge. Abbildung 5.3 zeigt einen fiktiven Directory Information Tree.

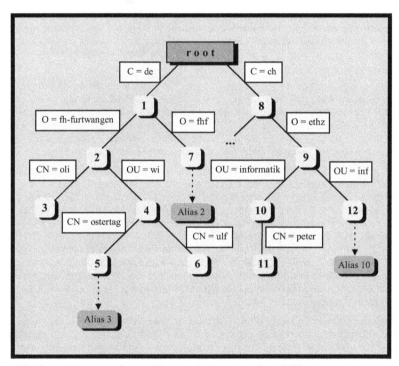

Abbildung 5.3: Beispiel eines Directory Information Tree (DIT)

Ein reales Objekt kann im DIT durch mehrere logische Objekte repräsentiert werden. So wird beispielsweise die Person „Oliver Ostertag", welche ein reales Objekt darstellt, sowohl durch das logische Objekt mit dem Namen „({C=de}, {O=fh-furtwangen}, {CN=oli})" als auch durch das logische Objekt mit dem Namen „({C=de}, {O=fh-furtwangen}, {OU=wi}, {CN=ostertag})" repräsentiert. Logische Objekte können aber auch mehrere Namen besitzen. Der Eintrag Nr. 6 kann beispielsweise durch den Namen „({C=de}, {O=fh-furtwangen},

---

[1] zum Adressierungsschema in X.400 vgl. Abschnitt 4.1.4 (Adressierung im MHS) im Kapitel 4 (Message Handling Systeme).

{OU=wi}, {CN=ulf})" oder durch den Namen „({C=de}, {O=fhf}, {OU=wi}, {CN=ulf})" beschrieben werden. Jedes Objekt besitzt also mindestens einen eindeutigen Namen und genau eine Objektinformation.

Der Name und die Objektinformation bestehen aus Attributen, welche wiederum aus einem Attributstyp und einem Attributswert zusammengesetzt sind. Da die Namen der Objekte hierarchisch aufgebaut sind, handelt es sich hier um relativ eindeutige Namen (*Relative Distinguished Name, RDN*). Die Eindeutigkeit bezieht sich jeweils nur auf einen Eintrag innerhalb der Baumstruktur. Wenn ein Objekt zum ersten Mal erfaßt wird, dann wird sein Name als *Hauptname* bezeichnet, bei jeder weiteren Erfassung lautet die Bezeichnung *Synonym (Alias Name)*.

Unter dem Hauptnamen wird ein Objekteintrag mit den entsprechenden Objektinformationen gespeichert. Unter jedem Synonym wird lediglich ein Aliaseintrag mit einem entsprechenden Verweis auf den unter dem Hauptnamen gespeicherten Objekteintrag gespeichert, welcher nur aus dem Hauptnamen des Objektes besteht. In dem in der Abbildung 5.3 dargestellten Beispiel sind die Einträge 5, 7 und 12 Aliaseinträge, welche auf die Objekteinträge 3, 2 und 10 verweisen, in denen die Objektinformationen gespeichert sind.

Für die Datenverteilung wird der Directory Information Tree in *Namenskontexte* zerlegt. Ein solcher Namenskontext stellt einen Unterbaum des DIT dar. Der Wurzeleintrag des Unterbaumes wird als *Kontextpräfix* bezeichnet. Die einzelnen Kontexte müssen so angeordnet werden, daß sie den ganzen DIT abdecken, sich aber nicht überschneiden. Jeder Kontext wird von genau einem Directory System Agent (DSA) verwaltet. Es besteht jedoch die Möglichkeit, daß ein DSA mehrere Kontexte verwaltet. Der oberste Kontext (mit dem leeren Präfix) wird als *Wurzelkontext* bezeichnet, die in der Hierarchie direkt folgenden Kontexte sind *First-Level-Kontexte (FL-Kontexte)*. Die Directory System Agents welche die FL-Kontexte speichern werden als *First-Level-Directory-System-Agents (FL-DSA)* bezeichnet. Die Abbildung 5.4 stellt den in Namenskontexte zerlegten Directory Information Tree aus Abbildung 5.3 als Beispiel für die Datenverteilung dar.

Referenzen dienen im Rahmen der Verteilung der Daten dazu um Beziehungen zwischen den Kontexten auszudrücken. X.500 unterscheidet dabei zwischen Unterreferenzen, nichtspezifischen Unterreferenzen, Überreferenzen, Querreferenzen und internen Referenzen.

Unterreferenzen (Subordinate References) bezeichnen direkt untergeordnete Kontexte, wenn deren Relative Distinguished Name (RDN) bekannt ist. Diese Unterreferenzen enthalten den RDN und den Namen und die Adresse des DSA, welcher für die Verwaltung dieses Kontextes zuständig ist. *Nichtspezifische Unterreferenzen (Non-Specific Subordinate References)* werden verwendet, wenn der RDN nicht bekannt ist. Sie enthalten lediglich den Namen und die Adresse des für diesen Kontext zuständigen DSA. Es muß sich bei dem Kontext jedoch um einen unmittelbar untergeordneten Kontext handeln.

Überreferenzen (Superior References) enthalten den Namen und die Adresse des DSA, welcher die direkt übergeordneten Kontexte speichert. Der Wurzelkontext sowie die First-Level-Kontexte besitzen keine Überreferenz. Aus Gründen der Optimierung werden auch *Querreferenzen (Cross References)* verwendet, welche sich aus dem Präfix eines nicht direkt über- oder untergeordneten Kontextes und dem Namen und der Adresse des zuständigen Directory System Agents zusammensetzen.

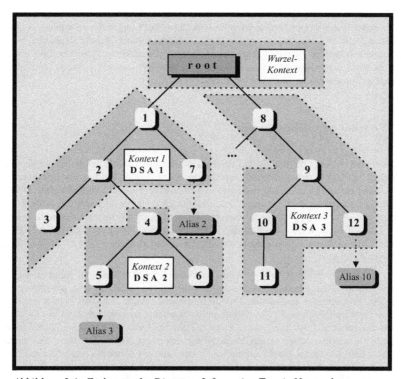

Abbildung 5.4: Zerlegung des Directory Information Tree in Namenskontexte

Interne Referenzen (Internal References) werden innerhalb eines Kontextes verwendet um die Einträge in der lokalen Datenbasis zu finden. Der Aufbau dieser internen Referenzen kann plattformspezifisch unterschiedlicher Natur sein und ist in den CCITT-Empfehlungen zu X.500 nicht vorgeschrieben.

Jeder Directory System Agent muß aufgrund der Kontextreferenzen herausfinden können, auf welchem DSA ein Eintrag gespeichert ist. Da es nicht unbedingt erforderlich ist, daß zu jedem Kontext eine Referenz vorhanden ist (denn diese können ja auch erzeugt werden) ist es ausreichend, wenn jeder DSA mindestens eine Überreferenz und alle Unterreferenzen kennt. Durch die wahlfreie Speicherung von Querreferenzen erhöht ein DSA seine Leistungsfähigkeit. Es existiert immer ein Pfad, im Extremfall ein über den Wurzelkontext führender Pfad. Um den Datendurchsatz zu erhöhen, wird der Wurzelkontext auf jedem First-Level-DSA repliziert. Dies bedeutet, daß jeder FL-DSA auch die Kontexte aller anderen FL-Directory-System-Agents kennt.

Um nun auf diese (evtl. weltweit) verteilten Daten auch zugreifen zu können genügt es nicht allein zu wissen, wo sie zu finden sind. Vielmehr müssen Regeln existieren, welche festlegen, wie Directory System Agents zusammenarbeiten müssen und wie und wo einzelne Operationen verteilt werden können. Diese Regeln wurden tatsächlich erstellt. Der nächste Abschnitt stellt diese Verteilung der Operationen vor.

5.2.3 Verteilung der Operationen

Wenn eine Anfrage nicht aufgrund der lokal verfügbaren Daten bearbeitet werden kann, dann müssen andere Directory System Agents den bearbeitenden DSA in der Erledigung der Anfrage unterstützen. Der Auftrag wird also in Teilaufträge unterteilt und an andere DSA zur Bearbeitung übergeben. Dazu ist eine Verteilung der Operationen erforderlich. Aufgrund der im vorherigen Abschnitt dargestellten Referenztypen werden die Interaktionsmodi zwischen DSA's unterschieden. X.500 definiert die Interaktionsmodi „Chaining", „Multicasting" und „Referral". In Abbildung 5.5 sind diese drei Interaktionsmodi eines Directory System Agents grafisch dargestellt.

Der Interaktionsmodus *Chaining* wird von einem DSA dann benutzt, wenn er aufgrund seiner Unterreferenzen, Überreferenzen oder Querreferenzen in der Lage ist, die für die Bearbeitung des Teilauftrages zuständige DSA zu bestimmen. Wenn der DSA bereits im Voraus weiß, daß mehrere DSA's in die Bearbeitung eingebunden sind bzw. aufgrund einer nichtspezifischen Unterreferenz[1] nicht erkennen kann, welche DSA die erforderlichen Daten verwaltet, dann wird der Interaktionsmodus *Multicasting* verwendet. Kann ein Auftrag im Interaktionsmodus „Chaining" oder „Multicasting" nicht oder nur unvollständig bearbeitet werden, so erfolgt die Antwort im Interaktionsmodus *Referral*. Mit der Antwort wird eine Referenz zu einem anderen DSA übergeben, welcher dann wieder im Interaktionsmodus „Chaining" oder „Multicasting" angefragt werden kann.

Wenn vom Anwender der Interaktionsmodus „Chaining" nicht ausgeschlossen[2] wird, kann der DSA den Interaktionsmodus selbst bestimmen. Beim Interaktionsmodus „Referral" kann sogar ein Directory User Agent (DUA*) die Koordination übernehmen. Betrachtet man die Bearbeitung einer Anwenderanfrage, so stellt man fest, daß diese sich in die Phasen „Name Resolution", „Evaluation" und „Result Merging" unterteilen läßt, welche so in chronologischer Reihenfolge durchlaufen werden.

---

[1] nichtspezifische Unterreferenzen wurden im Abschnitt 5.2.2 (Verteilung der Daten) beschrieben.
[2] im Falle des Ausschlusses kann der DSA die Anwenderanfrage nur mit einem „Referral" oder mit einer Fehlermeldung beantworten.

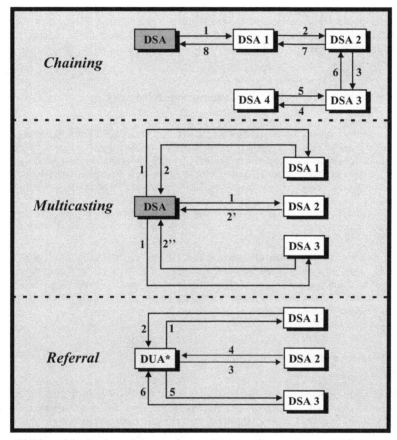

Abbildung 5.5: Die Interaktionsmodi eines Directory System Agents (DSA)

In der Phase *Name Resolution* wird anhand der internen Referenzen ermittelt, ob ein bestimmter Eintrag in der lokalen Datenbasis vorhanden ist. Sollte dies nicht der Fall sein, so muß der Directory System Agent bestimmt werden, welcher den entsprechenden Eintrag verwaltet. Wurde der Eintrag in der Datenbasis lokalisiert, so kann mit der Phase „Evaluation" fortgefahren werden. Die Phase *Evaluation* führt die eigentliche Anfrage (beispielsweise

„List" oder „Search") durch. Diese Anfragen können aufgrund der Datenverteilung[1] auch mehrere Directory System Agents betreffen. Das Gesamtresultat, welches der die Anfrage verursachende Anwender zurückerhält, wird in der Phase *Result Merging* erstellt. Es setzt sich aus allen verfügbaren Teilresultaten der Phase „Evaluation" zusammen. Typische Operationen durchlaufen diese drei Phasen chronologisch in der aufgeführten Reihenfolge.

5.3   Sicherheitsaspekte und Änderung der Normen

Kommerziell eingesetzte Verzeichnissysteme stellen unterschiedliche Anforderungen an die Sicherheit des Verzeichnisses. Diese verschiedenen Anforderungen beruhen auf der unterschiedlichen Sensitivität der gespeicherten Einträge, welche wiederum aus der Art der gespeicherten Daten resultiert. Im Kapitel „Groupware" wurde beschrieben, daß sich bei Groupwareapplikationen der Trend zur Integration von MHS-Funktionalitäten[2] in die Anwendung abzeichnet um von dort direkt Daten zu senden und empfangene Daten zu verarbeiten. Dieser Trend könnte sich im Bereich der Adressierung durch eine Erweiterung der Funktionalität von Verzeichnissystemen und einer dadurch erforderlichen Änderung der CCITT-Normen für Verzeichnissysteme bemerkbar machen.

Im Abschnitt 5.3.1 werden die Aspekte der Verzeichnissicherheit in X.500 kurz beschrieben; weiterhin werden Sicherheitsstufen vorgestellt. Im Bereich der Verschlüsselungsmethoden wird auf asymmetrische Kryptosysteme verwiesen. Mögliche Änderungen der Normen werden im Abschnitt 5.3.2 aufgeführt. Dort werden auch Bestandteile von Vorversionen der heutigen Serie X.500 genannt.

5.3.1   Verzeichnissicherheit in X.500

Bereits im Kapitel „Message Handling Systeme (X.400)" wurde ausführlich auf mögliche Sicherheitsrisiken, grundlegende Sicherheitskonzepte sowie die Sicherheitsunterstützung in X.400 (88) eingegangen[3]. Dieser Abschnitt stellt kurz die Konzepte zur Verzeichnissicherheit in X.500 vor.

In X.500 werden die zwei Sicherheitsstufen einfache Authentifizierung (simple Authentication) und starke Authentifizierung (strong Authentication) unterschieden. Die *einfache Authentifizierung* basiert auf im Verzeichnis gespeicherten Paßwörtern und dient lediglich der Teilnehmerauthentifizierung. Durch die unverschlüsselte Übermittlung von Paßwörtern authentifizieren sich die Teilnehmer gegenseitig. Das Sicherheitsrisiko besteht hier also in der

---

[1] vgl. Abschnitt 5.2.2 (Verteilung der Daten).
[2] beispielsweise der Funktionsumfang eines X.400 User Agents.
[3] vgl. Unterkapitel 4.5 (Sicherheit).

Übermittlung der Informationen. Im Gegensatz dazu unterstützt die *starke Authentifizierung* sowohl den Schutz der übermittelten Informationen als auch die Authentifizierung der Teilnehmer.

In der Empfehlung X.509 der Serie X.500 werden u.a. die vorgesehenen Sicherheitsdienstleistungen aufgeführt [103]. Diese Sicherheitsdienstleistungen sehen die Dienste Authentifizierung der Partnerinstanz, Zugangskontrolle, Vertraulichkeit von Daten, Unversehrtheit der Daten sowie Nicht-Leugnung vor.

Der Dienst *Authentifizierung der Partnerinstanz* gewährleistet, daß ein Benutzer zu einem bestimmten Zeitpunkt auch wirklich derjenige ist, der er dem System gegenüber vorgibt zu sein. Die Empfehlungen unterteilen diesen Dienst noch in gegenseitige Authentifizierung und einzelne Authentifizierung. Der Dienst der Authentifizierung kann, bezogen auf Benutzer, vor Maskerade und Wiederabspielen[1] schützen. Die *Zugangskontrolle* muß gewährleisten, daß die Ressourcen nicht unerlaubterweise benutzt werden. Der Dienst *Vertraulichkeit von Daten* wird benutzt um Daten vor der unerlaubten Offenlegung zu schützen. Angewendet wird er zum Schutz gegen die Einflußnahme auf Daten. Die Gewährleistung, daß die Daten während der Kommunikation unversehrt bleiben, wird vom Dienst *Unversehrtheit der Daten* übernommen. Eventuelle Manipulationen können mit diesem Dienst erkannt werden. Der Dienst *Nicht-Leugnung* stellt die Herkunft der Daten sowie deren Unversehrtheit sicher und kann als Beweis verwendet werden. Dieser Dienst muß die Unfälschbarkeit (und damit die Echtheit) der Daten garantieren und jederzeit durch eine dritte Instanz verifiziert werden können.

Im Unterkapitel 4.5 (Sicherheit) wurde bereits ausführlich auf die Technik asymmetrischer Kryptosysteme und deren Einsatz in X.400 eingegangen. In X.500 wird zur Verzeichnissicherheit ebenfalls das Public-Key-System eingesetzt. Details zu Kryptosystemen und deren Einsatz in Message Handling Systemen finden sich in Unterkapitel 4.5 (Sicherheit)[2].

5.3.2 Änderung der Normen

Zur Zeit bestehen die vom CCITT im Jahre 1988 entwickelten Empfehlungen der Serie X.500 für Verzeichnisdienste im wesentlichen aus

- ◆ einer *Empfehlung* zur *Zusammenarbeit* verschiedener Directory System Agents (DSA),
- ◆ einer *Festlegung* von *Standardoperationen* für die Abfrage und Modifikation des Verzeichnisses sowie
- ◆ der *Strukturdefinition* eines hierarchisch aufgebauten *Namensraumes*, welcher mehrere namensgebende Instanzen umfaßt und diesen

---

[1] vgl. zu „Maskerade" und „Wiederabspielen" Abschnitt 4.5.1 (Sicherheitsrisiken in einem MHS).
[2] insbesondere im Abschnitt 4.5.2 (Grundlegende Sicherheitskonzepte) und 4.5.3 (Sicherheitsunterstützung in X.400 (88)).

eine Empfehlung zur Gestaltung des Namensraumes vorschlägt a-
ber nicht aufzwingt.

Künftige Message Handling Systeme werden, unabhängig davon, ob der User Agent als
eigenständiges, nur für Interpersonal Messaging vorgesehenes Produkt, oder als Bestandteil
einer Groupwareapplikation vorliegt, weitere Anforderungen an Verzeichnisdienste stellen
und damit möglicherweise eine Änderung der Normen zur Folge haben.

Die Tatsache, daß einige wünschenswerte Funktionen nicht in X.500 enthalten sind bedeutet aber nicht zwangsläufig, daß diese vergessen bzw. nicht in Erwägung gezogen wurden.
Bereits in den Jahren 1984 bis 1986 wurden Vorversionen der heutigen Serie X.500 diskutiert, welche im Vergleich zu den heutigen Empfehlungen über umfangreichere Funktionalität
verfügten [73]. Beispiele einer solchen erweiterten Funktionalität in den Vorversionen sind

- ◆ ein Konzept für *Zugriffskontrollisten* welche die Zugriffsrechte auf
  Einträge regeln,
- ◆ eine *alternative Struktur* des *Namensraumes* (die Struktur eines zy-
  kluslosen Graphen anstatt einer Baumstruktur). Somit war es auch
  ohne Aliasmechanismus möglich, daß Objekte mehrere Namen be-
  saßen,
- ◆ *deskriptive Namen* zur Benennung von Objekten aufgrund ihrer gespeicherten Informationen. Die Unterscheidung von *White-Pages-
  Abfragen* und *Yellow-Pages-Abfragen*[1] war damit hinfällig. Durch
  die Forderung nach eindeutigen Namen wurde diese Art der Ob-
  jektbenennung allerdings erschwert,
- ◆ die Unterstützung *replizierter Datenbestände* durch *Shadowing*.
  Mit dieser Technik konnte ein Directory System Agent Teile des
  Datenbestandes eines anderen DSA lokal speichern. Dies ermöglichte einen schnelleren Zugriff auf die Daten,
- ◆ die Möglichkeit, jeden beliebigen Knoten des Graphen zu entfernen
  oder einzufügen.

Die Gründe, warum diese Vorversionen in die X.500 Empfehlungen letztendlich nicht
einflossen, waren unterschiedlicher Natur. Einerseits war es in der verfügbaren Zeit nicht
möglich, für komplexe Operationen innerhalb der Namensstruktur[2] semantisch korrekte Definitionen festzulegen und die Konsistenz des Graphen zu gewährleisten. Andererseits bestan-
den Zweifel, ob derart komplizierte Empfehlungen überhaupt implementiert werden konnten.

---

[1] „White-Pages-Abfragen" und „Yellow-Pages-Abfragen" wurden im Abschnitt 5.1.2 (Notwendigkeit von Verzeichnissystemen) beschrieben.
[2] beispielsweise das Entfernen eines Knotens innerhalb eines Graphen [73].

Es besteht durchaus die Möglichkeit, daß mit den bereits erwähnten Anforderungen künftiger Systeme Bestandteile der Vorversionen diskutiert und erneut auf ihre Machbarkeit überprüft werden. Speziell im Bereich der Verwaltung eines komplexen Verzeichnisses und der Regelung von Zugriffsrechten auf Einträge könnte eine Modifikation erforderlich sein, welche eine Änderung bzw. Erweiterung der X.500 Normen zur Folge hätte.

Kapitel 6

ZUSAMMENFASSUNG UND AUSBLICK

Die Diplomarbeit hat gezeigt, daß auch der sehr dynamische und durch eine Vielzahl von Begriffen und Definitionen geprägte Groupware- und Workflow-Bereich systematisch klassifiziert und anhand von Funktionalitätsmerkmalen kategorisiert werden kann. Beim Betrachten dieser Kategorien wird deutlich, daß Groupware mehr ist, als „Terminkalender", „Electronic Mail" und „Dokumentenbearbeitung". Bei Produktpräsentationen verschiedener Softwarehäuser kann erkannt werden, daß Applikationen häufig unter dem Schlagwort „Groupware" vermarktet werden, obwohl sie nur einen Bruchteil der Funktionalität abdecken, die Groupware zugeschrieben wird[1]. Sind diese Produkte dann überhaupt Groupwareprodukte? Berücksichtigt man, daß es nicht „die" Groupwareanwendung gibt, sondern Groupware aus einer Reihe von Bausteinen besteht, dann kann diese Frage mit „ja" beantwortet werden. Nicht immer ist es sinnvoll, daß alle Bausteine in einem Produkt enthalten sind. Ein Programm der Kategorie „Electronic Meeting" muß nicht auch zwangsläufig über die Funktionalitäten „Projektmanagement" und „Ressourcenmanagement" verfügen.

Im Unterkapitel „organisatorische Voraussetzungen" wurde deutlich, daß der Einsatz von Groupwareapplikationen nur bei geeigneten gruppenorientierten Organisationsformen sinnvoll möglich ist. Im Rahmen der Wirtschaftlichkeitsbetrachtungen wurde beschrieben, wie problematisch eine Quantifizierung in diesem Bereich ist, obwohl zahlreiche Kosten- und Nutzenkomponenten herausgearbeitet werden konnten.

Auf dem Gebiet der Message Handling Systeme (Serie X.400 der Empfehlungen des CCITT) konnten die komplexen und nach Expertenmeinungen nur schwer durchschaubaren Konzepte der Dokumentationen des Comité Consultativ International Télégraphique et Téléphonique auf verständliche Weise dargestellt werden. Mittels Dienstanforderungen und

---

[1] eine Übersicht über die Funktionalität von Groupware wurde im Kapitel 2 (Groupware) unter 2.3 (Funktionalität) gegeben.

Dienstelementen wurden exemplarisch Groupwareanforderungen den X.400 Dienstmerkmalen gegenübergestellt. Anhand von „Message Store" und „Verteilerlisten" wurden die Groupwareeinflüsse und Änderungen der Normen beschrieben. Im Unterkapitel „Groupware im Schichtenmodell von X.400" stellte die Diplomarbeit einen Ansatz zur Integration von Groupware in das Message Handling Modell vor und entwickelte Vorüberlegungen für eine Groupware User Agent Entity (GUAE) sowie für ein real noch nicht existierendes Groupware Messaging Protokoll P_G innerhalb der Protokollklasse P_c für eine Gruppe kooperierender User Agents. Dieses Protokoll könnte nach einer prospektivischen Normierung durch ein geeignetes Gremium die Grundlage für die Kommunikation zwischen typenspezifischen Groupwareapplikationen unterschiedlicher Hersteller bilden.

Im Bereich der Verzeichnisdienste (CCITT-Serie X.500) wurden neben einer Übersicht der Empfehlungen und der Beschreibung des funktionalen Modells von X.500 insbesondere die verteilte Architektur (Verteilung der Funktionen, Daten und Operationen) sowie die Sicherheitskonzepte betrachtet. Nach der Darstellung von früheren Entwürfen der heutigen CCITT-Empfehlungen der Serie X.500 wurden potentielle zukünftige Änderungen der Normen in den nächsten Jahren skizziert.

Bereits heute jedoch besteht neben den Normen für Message Handling Systeme und Verzeichnisdienste im Office-Bereich der Bedarf an Standardisierung von weiteren Diensten der Anwendungsschicht im OSI-Referenzmodell. Die Standards „Office Document Architecture (ODA)", „Office Document Interchange Format (ODIF)", „Office Document Filing and Retrieval (DFR)" sowie „Document Print Service (DPS)" stehen schon jetzt zur Verfügung. In naher Zukunft ist mit der Fortsetzung der Standardisierung weiterer Dienste der OSI-Anwendungsschicht zu rechnen.

Groupwareanwendungen werden sich in den kommenden Monaten und Jahren speziell im Hinblick auf Kommunikation und Benutzerfreundlichkeit verändern und auch in Bereichen in denen sie bisher nicht vertreten waren verstärkt als Hilfsmittel zur Unterstützung der Zusammenarbeit im Team akzeptiert werden. Bei den Applikationen ist der Trend zur Integration von Kommunikationsfunktionalitäten direkt in die Anwendung erkennbar. Der Benutzer wird künftig seine Anwendung nicht mehr verlassen müssen, um nach einem geeigneten Programm zur Übertragung der Daten zu suchen und dieses zu starten. Alle Funktionen für Empfang, Bearbeitung und Sendung der Daten sind dann in den Programmen enthalten. Die Daten und die Zusammenarbeit mit anderen werden künftig für den Benutzer im Mittelpunkt stehen, und nicht etwa die zu diesem Zweck notwendigen Programme. Groupwareanwendungen müssen künftig als ein leicht zu benutzendes Hilfsmittel zur Erreichung der vorgegebenen Gruppenziele und nicht als neue Hürde auf dem Weg zum Ziel verstanden werden.

Die genannten Änderungen im Bereich der Applikationen werden auch Änderungen der zugrundeliegenden Formen der Kommunikation bewirken. Applikationen, welche zum Austausch von Informationen die asynchrone Kommunikationsform verwenden, werden an künftige Message Handling Systeme die Forderung nach einer erweiterten Funktionalität und der Normierung von applikationstypenspezifischen Protokollen stellen. Diese Notwendigkeit zur Erweiterung bestehender Normen kann sowohl die CCITT-Empfehlungen der Serie X.400 für

Message Handling Systeme als auch die CCITT-Empfehlungen der Serie X.500 für Verzeichnisdienste betreffen.

Der Einfluß neuer Workflow- und Groupware-Funktionalitätsanforderungen sowie der sich allgemein abzeichnende Trend zur Gruppenfähigkeit und zur Interoperabilität von Systemen und Applikationen wird sich jedoch nicht nur im Bereich von Mitteilungsübermittlungssystemen und Verzeichnisdiensten bemerkbar machen, sondern auch neue Betriebssystemversionen betreffen. Gerade bei den in der Vergangenheit in diesem Punkt vernachlässigten Single-User-Betriebssystemen zeichnet sich in letzter Zeit für den Betrieb innerhalb eines Netzwerkes die zunehmende Integration von Komponenten zur Kommunikation und Zusammenarbeit im Team in das Betriebssystem ab[1]. Diese Entwicklung wird in Zukunft weiter und verstärkt zu beobachten sein.

---

[1] zu beobachten beispielsweise bei der neuen Version 3.0 („Warp") des Betriebssystems „OS/2" von IBM oder bei dem für den Herbst 1995 angekündigten neuen eigenständigen Betriebssystem „Windows 95" der Firma Microsoft.

Anhang A

LITERATURVERZEICHNIS

[1]   Andrews, Timothy; Krieger, David. „Concurrency Control for Workgroups". *Object Magazine* 7/8 (1993): S. 38-45.

[2]   Babatz, Robert; Bogen, Manfred; Pankoke-Babatz, Uta. *Elektronische Kommunikation: X.400 MHS.* Harald Schumny [Hrsg.]. Braunschweig: Vieweg-Verlag, 1990.

[3]   Benest, I[an]; Dukiç, D[avor]. „Computer Supported Teamwork". (S. 128-150) in Diaper, Dan; Sanger, Colston [Hrsg.]. *CSCW in Practice: An Introduction and Case Studies.* New York, Berlin, Heidelberg [u.a.]: Springer-Verlag, 1993.

[4]   Berndt, Oliver. „Von der E-Mail bis zum Information-Sharing: Groupware". *Diebold Management Report* 7 (1992): S. 19-21.

[5]   Betanov, Cemil. *Introduction to X.400.* Norwood, Boston, London: Artech House, 1993.

[6]   Bock, Geoffrey. „Groupware: The Next Generation for Information Processing?" (S. 1-6) in Marca, David; Bock, Geoffrey. *Groupware: Software for Computer Supported Cooperative Work.* Los Alamitos, Washington, Tokyo [u.a.]: IEEE Computer Society Press, 1992.

[7]   Borchers, Detlef. „Workgroup Computing. Grundlagen, Entwicklung und Konzepte". *Chip* 12 (1992): S. 270-274.

[8]   Condon, C[hris]. „The Computer Won't Let Me: Cooperation, Conflict and the Ownership of Information". (S. 172-185) in Easterbrook, Steve [Hrsg.]. *CSCW:*

Cooperation or Conflict?. New York, Berlin, Heidelberg [u.a.]: Springer-Verlag, 1993.

[9] Conklin, Jeff. „Hypertext: An Introduction and Survey". (S. 423-475) in Greif, Irene [Hrsg.]. *Computer-Supported Cooperative Work: a book of readings*. San Mateo: Morgan Kaufmann Publishers, 1988.

[10] Conklin, Jeff. „Hypertext: An Introduction and Survey" (S. 236-260) in Marca, David; Bock, Geoffrey. *Groupware: Software for Computer Supported Cooperative Work*. Los Alamitos, Washington, Tokyo [u.a.]: IEEE Computer Society Press, 1992.

[11] De Cindio, F.; De Michelis, G.; Simone, C. „The Communication Disciplines of CHAOS" (S. 465-489) in Marca, David; Bock, Geoffrey. *Groupware: Software for Computer Supported Cooperative Work*. Los Alamitos, Washington, Tokyo [u.a.]: IEEE Computer Society Press, 1992.

[12] Diaper, Dan; Sanger, Colston [Hrsg.]. *CSCW in Practice: An Introduction and Case Studies*. New York, Berlin, Heidelberg [u.a.]: Springer-Verlag, 1993.

[13] Dier, Mirko; Lautenbacher, Siegfried. *Groupware: Technologien für die lernende Organisation; Rahmen, Konzepte, Fallstudien*. München: Computerwoche Verlag, 1994.

[14] Easterbrook, Steve [Hrsg.]. *CSCW: Cooperation or Conflict?*. New York, Berlin, Heidelberg [u.a.]: Springer-Verlag, 1993.

[15] Easterbrook, S[teve]; Beck, E[evi]; Goodlet, J[ames] [u.a.]. „A Survey of Empirical Studies of Conflict". (S. 1-68) in Easterbrook, Steve [Hrsg.]. *CSCW: Cooperation or Conflict?*. New York, Berlin, Heidelberg [u.a.]: Springer-Verlag, 1993.

[16] Elgass, Petra; Krcmar, Helmut. „Computerunterstützung für die Planung von Geschäftsprozessen". (S. 67-83) in Hasenkamp, Ulrich; Kirn, Stefan; Syring, Michael [Hrsg.]. *CSCW - Computer Supported Cooperative Work: Informationssysteme für dezentralisierte Unternehmensstrukturen*. Bonn, Paris, Reading [u.a.]: Addison-Wesley, 1994.

[17] Ellis, C[larence] A.; Gibbs, S. J.; Rein, G. L.. „Groupware: Some Issues and Experiences" (S. 23-43) in Marca, David; Bock, Geoffrey. *Groupware: Software for Computer Supported Cooperative Work*. Los Alamitos, Washington, Tokyo [u.a.]: IEEE Computer Society Press, 1992.

[18]   Ellis, Clarence; Nutt, Gary. „Office Information Systems and Computer Science". (S. 199-247) in Greif, Irene [Hrsg.]. *Computer-Supported Cooperative Work: a book of readings*. San Mateo: Morgan Kaufmann Publishers, 1988.

[19]   Engelbart, Douglas C.. „Authorship Provisions in Augment" (S. 63-81) in Marca, David; Bock, Geoffrey. *Groupware: Software for Computer Supported Cooperative Work*. Los Alamitos, Washington, Tokyo [u.a.]: IEEE Computer Society Press, 1992.

[20]   Engelbart, Douglas; English, William. „A Research Center for Augmenting Human Intellect". (S. 81-105) in Greif, Irene [Hrsg.]. *Computer-Supported Cooperative Work: a book of readings*. San Mateo: Morgan Kaufmann Publishers, 1988.

[21]   Finke, Wolfgang. „Informationsmanagement mit Groupware-Systemen. Ein innovatives Workgroup-Computing-Projekt in der Debis Systemhaus GmbH". *Office Management* 10 (1991): S. 47-54.

[22]   Forst, Hans-Josef [Hrsg.]. *Bürokommunikation in Unternehmen und Verwaltung: Stand und Entwicklung*. Berlin, Offenbach: VDE-Verlag, 1988.

[23]   Frank, Ulrich. „Multiperspektivische Unternehmensmodelle als Basis und Gegenstand integrierter CSCW-Systeme". (S. 179-198) in Hasenkamp, Ulrich; Kirn, Stefan; Syring, Michael [Hrsg.]. *CSCW - Computer Supported Cooperative Work: Informationssysteme für dezentralisierte Unternehmensstrukturen*. Bonn, Paris, Reading [u.a.]: Addison-Wesley, 1994.

[24]   Gappmaier, Markus. „Kooperative Vorgangsbearbeitung: Eine empirische Untersuchung" (S. 117-125) in Nastansky, Ludwig [Hrsg.]. *Betriebswirtschaft aktuell*. Bd. 12: *Workgroup Computing: Computergestützte Teamarbeit (CSCW) in der Praxis / Neue Entwicklungen und Trends*. Hamburg: Steuer- und Wirtschaftsverlag, 1993.

[25]   Geibel, Richard. *Computergestützte Gruppenarbeit: die Förderung von Gruppenentscheidungen durch „Group decision support systems"*. Stuttgart: M & P Verlag für Wissenschaft und Forschung [zgl. Diss., Köln, Univ.], 1993.

[26]   Greif, Irene [Hrsg.]. *Computer-Supported Cooperative Work: a book of readings*. San Mateo: Morgan Kaufmann Publishers, 1988.

[27]   Greif, Irene; Sarin, Sunil. „Data Sharing in Group Work". (S. 477-508) in Greif, Irene [Hrsg.]. *Computer-Supported Cooperative Work: a book of readings*. San Mateo: Morgan Kaufmann Publishers, 1988.

[28]   Grell, Rainer. „Schriftgutverwaltung und Vorgangsbearbeitung in der Landesverwal-
        tung Baden-Württemberg". *Theorie und Praxis der Wirtschaftsinformatik* [HMD]
        176 (1994): S. 35-44.

[29]   Güc, Angelika. „X.400 auf dem Vormarsch". *Office Management* 4 (1994): S. 46-
        49.

[30]   Hartmann, Anja [Hrsg.]; Herrmann, Thomas; Rohde, Markus [u.a.]. *Menschenge-
        rechte Groupware: Software-ergonomische Gestaltung und partizipative Umsetzung.*
        Stuttgart: Teubner Verlag, 1994.

[31]   Hasenkamp, Ulrich; Kirn, Stefan; Syring, Michael [Hrsg.]. *CSCW - Computer
        Supported   Cooperative   Work: Informationssysteme   für   dezentralisierte
        Unternehmensstrukturen.* Bonn, Paris, Reading [u.a.]: Addison-Wesley, 1994.

[32]   Hasenkamp, Ulrich; Syring, Michael. „CSCW in Organisationen: Grundlagen und
        Probleme". (S. 15-37) in Hasenkamp, Ulrich; Kirn, Stefan; Syring, Michael
        [Hrsg.]. *CSCW - Computer Supported Cooperative Work: Informationssysteme für
        dezentralisierte Unternehmensstrukturen.* Bonn, Paris, Reading [u.a.]: Addison-
        Wesley, 1994.

[33]   Hasenkamp, Ulrich; Syring, Michael. „Workflow-Management: Beispiele Zeitschrif-
        tenproduktion". *Office Management* 6 (1993): S. 32-36.

[34]   Heilmann, Heidi.   „Workflow Management: Integration von Organisation und
        Informationsverarbeitung". *Theorie und Praxis der Wirtschaftsinformatik* [HMD]
        176 (1994): S. 8-21.

[35]   Herrmann, Thomas. „Grundsätze ergonomischer Gestaltung von Groupware" (S. 65-
        107) in Hartmann, Anja [Hrsg.]; Herrmann, Thomas; Rohde, Markus [u.a.].
        *Menschengerechte Groupware: Software-ergonomische Gestaltung und partizipative
        Umsetzung.* Stuttgart: Teubner Verlag, 1994.

[36]   Hewitt, B[etty]; Gilbert, G. N[igel]. „Groupware Interfaces". (S. 31-38) in Diaper,
        Dan; Sanger, Colston [Hrsg.]. *CSCW in Practice: An Introduction and Case Studies.*
        New York, Berlin, Heidelberg [u.a.]: Springer-Verlag, 1993.

[37]   Hilpert, Wolfgang. „Workflow Management im Office-Bereich mit verteilten Doku-
        mentendatenbanken" (S. 127-140) in Nastansky, Ludwig [Hrsg.]. *Betriebswirtschaft
        aktuell.* Bd. 12: *Workgroup Computing: Computergestützte Teamarbeit (CSCW) in
        der Praxis / Neue Entwicklungen und Trends.* Hamburg: Steuer- und Wirtschaftsver-
        lag, 1993.

[38]   Hutchison, C[hris].; Rosenberg, D[uska]. „Cooperation and Conflict in Knowledge-
        Intensive Computer Supported Cooperative Work". (S. 124-145) in Easterbrook,
        Steve [Hrsg.]. *CSCW: Cooperation or Conflict?*. New York, Berlin, Heidelberg
        [u.a.]: Springer-Verlag, 1993.

[39]   Ishii, Hiroshi; Miyake, Naomi. „Toward an open shared workspace: computer and
        video fusion approach of teamworkstation". *Communications of the ACM* 12 (1991):
        S. 37-50.

[40]   Jarczyk, A.P.J.; Löffler, P.; Schneider, M. [u.a.]. „Computergestützte Teamarbeit in
        der Software-Qualitätssicherung" (S. 191-204) in Klöckner, Konrad [Hrsg.].
        Groupware-Einsatz in Organisationen. GMD-Studie Nr. 220 [GI-FG 2.0.1].
        Personal Computing Symposium Marburg 10/1993. St. Augustin: Gesellschaft für
        Mathematik und Datenverarbeitung, 1993.

[41]   Johansen, Robert. *Groupware: Computer Support for Business Teams*. New York:
        The Free Press, 1988.

[42]   Johansen, Robert; Bullen, Christine. „Thinking Ahead: What to Expect from Tele-
        Conferencing". (S. 185-198) in Greif, Irene [Hrsg.]. *Computer-Supported
        Cooperative Work: a book of readings*. San Mateo: Morgan Kaufmann Publishers,
        1988.

[43]   Johansen, Robert; Charles, Jeff. „Groupware Lessons from the Teleconferencing
        Market". (S. 151-178) in Johansen, Robert. *Groupware: Computer Support for
        Business Teams*. New York: The Free Press, 1988.

[44]   Johansen, Robert; Mittman, Robert. „Current Vendor Approaches to Groupware".
        (S. 45-66) in Johansen, Robert. *Groupware: Computer Support for Business Teams*.
        New York: The Free Press, 1988.

[45]   Johansen, Robert; Saffo, Paul. „Softer Software: The Groupware Wild Card". (S. 96-
        113) in Johansen, Robert. *Groupware: Computer Support for Business Teams*. New
        York: The Free Press, 1988.

[46]   Jonas, Christoph. *Datenfernübertragung mit Personal Computern*. Würzburg: Vogel
        Verlag, 1992.

[47]   Karl, Renate. „Workflow-Management: Prozeßorientierte Vorgangsbearbeitung".
        Office Management 3 (1993): S. 45-47.

[48]   Kirn, Stefan. „Organisationale Intelligenz, kooperative Softwaresysteme und CSCW".
        (S. 231-254) in Hasenkamp, Ulrich; Kirn, Stefan; Syring, Michael [Hrsg.]. *CSCW*

- *Computer Supported Cooperative Work: Informationssysteme für dezentralisierte Unternehmensstrukturen.* Bonn, Paris, Reading [u.a.]: Addison-Wesley, 1994.

[49]   Klöckner, Konrad [Hrsg.]. *Groupware-Einsatz in Organisationen.* GMD-Studie Nr. 220 [GI-FG 2.0.1]. Personal Computing Symposium Marburg 10/1993. St. Augustin: Gesellschaft für Mathematik und Datenverarbeitung, 1993.

[50]   Koch, Jürgen. „Workgroup-Computing: Schlankheitskur für übergewichtige Unternehmen. Der vernetzte Informationsaustausch ersetzt die hierarchischen Abfolgen". *Computer Zeitung* 42 (1994): S. 19.

[51]   Krcmar, Helmut. „CATeam: Computer Aided Team". *Office Management* 6 (1994): S. 29-33.

[52]   Krcmar, Helmut. „Computerunterstützung für Sitzungen: Erfahrungen im CATeam-Labor Hohenheim" (S. 71-79) in Nastansky, Ludwig [Hrsg.]. *Betriebswirtschaft aktuell.* Bd. 12: *Workgroup Computing: Computergestützte Teamarbeit (CSCW) in der Praxis / Neue Entwicklungen und Trends.* Hamburg: Steuer- und Wirtschaftsverlag, 1993.

[53]   Leisten, U.; Bandat, K.. „Workflow Management in der Software-Entwicklung". *Theorie und Praxis der Wirtschaftsinformatik* [HMD] 176 (1994): S. 68-79.

[54]   Maes, Pattie. „Agents that reduce work and information overload". *Communications of the ACM* 7 (1994): S. 30-40.

[55]   Maier, Ronald. „Ein Vorgehensmodell zur Bewertung von Vorgangsbearbeitungssystemen" (S. 95-116) in Klöckner, Konrad [Hrsg.]. *Groupware-Einsatz in Organisationen.* GMD-Studie Nr. 220 [GI-FG 2.0.1]. Personal Computing Symposium Marburg 10/1993. St. Augustin: Gesellschaft für Mathematik und Datenverarbeitung, 1993.

[56]   Malone, Thomas; Grant, Kenneth; Lai, Kum-Yew [u.a.]. „Semistructured Messages are Surprisingly Useful for Computer-Supported Coordination". (S. 311-331) in Greif, Irene [Hrsg.]. *Computer-Supported Cooperative Work: a book of readings.* San Mateo: Morgan Kaufmann Publishers, 1988.

[57]   Marca, David; Bock, Geoffrey. *Groupware: Software for Computer Supported Cooperative Work.* Los Alamitos, Washington, Tokyo [u.a.]: IEEE Computer Society Press, 1992.

[58]   Mayer, Karl. „Workgroup Computing. Was Groupware-Programme leisten". *Chip* 12 (1992): S. 277-280.

[59] McCusker, Tom. „Workflow takes on the enterprise". *Datamation* 12 (1993): S. 88-92.

[60] Mertens, Peter; Morschheuser, Stefan; Raufer, Heinz. „Beitrag eines Workflow-Management-Systems zur Integration von Daten- und Dokumentenverarbeitung". *Theorie und Praxis der Wirtschaftsinformatik* [HMD] 176 (1994): S. 45-57.

[61] Nastansky, Ludwig [Hrsg.]. *Betriebswirtschaft aktuell.* Bd. 12: *Workgroup Computing: Computergestützte Teamarbeit (CSCW) in der Praxis / Neue Entwicklungen und Trends.* Hamburg: Steuer- und Wirtschaftsverlag, 1993.

[62] Nastansky, Ludwig. „Nach 20 Jahren CSCW-Forschung: Durchbruch in der Praxis bei Groupware-Anwendungen in Client-Server Architekturen" (S. 1-20) in Nastansky, Ludwig [Hrsg.]. *Betriebswirtschaft aktuell.* Bd. 12: *Workgroup Computing: Computergestützte Teamarbeit (CSCW) in der Praxis / Neue Entwicklungen und Trends.* Hamburg: Steuer- und Wirtschaftsverlag, 1993.

[63] Neesham, Claire. „Network of Information". [New Scientist No. 77]. *Inside Science* 10 (1994): S. 1-4.

[64] Nittel, Tobias. „Workgroup Computing. Die informationstechnologische Unterstützung der Teamarbeit". *Office Management* 4 (1993): S. 29-30.

[65] Nolan, Hanns. „E-Mail-Standard: X.400 vereinigt Unternehmen weltweit unter einem Dach". *PC Magazin* 46 (1994): S. 60-63.

[66] Nouvortne, Dirk; Schmidt, Michael. „Übertragung von Dokumenten mit dem X.400-Standard". *Office Management* 4 (1994): S. 38-42.

[67] Nunamaker, J; Dennis, Alan; Valacich, Joseph [u.a.]. „Electronic Meeting Systems to Support Group Work" (S. 350-371) in Marca, David; Bock, Geoffrey. *Groupware: Software for Computer Supported Cooperative Work.* Los Alamitos, Washington, Tokyo [u.a.]: IEEE Computer Society Press, 1992.

[68] Oberquelle, Horst. „Situationsbedingte und benutzerorientierte Anpaßbarkeit von Groupware" (S. 31-50) in Hartmann, Anja [Hrsg.]; Herrmann, Thomas; Rohde, Markus [u.a.]. *Menschengerechte Groupware: Software-ergonomische Gestaltung und partizipative Umsetzung.* Stuttgart: Teubner Verlag, 1994.

[69] Opper, Susanna; Fersko-Weiss, Henry. *Technology for Teams: Enhancing Productivity in Networked Organizations.* New York: Van Nostrand Reinhold, 1992.

[70] Otten, Klaus. „Workflow, Imaging, Dokumenten-Management und Business Reengineering". *Office Management* 10 (1994): S. 62-67.

[71]   Petrovic, Otto. *Beiträge zur Wirtschaftsinformatik.* Bd. 8: *Workgroup Computing -*
       Computergestützte Teamarbeit: Informationstechnologische Unterstützung für
       teambasierte Organisationsformen. Heidelberg: Physica-Verlag, 1993.

[72]   Petrovic, Otto. „Das Grazer Electronic Meeting Management als Anwendungsbeispiel
       von Groupware in Organisationen" (S. 65-79) in Klöckner, Konrad [Hrsg.].
       Groupware-Einsatz in Organisationen. GMD-Studie Nr. 220 [GI-FG 2.0.1].
       Personal Computing Symposium Marburg 10/1993. St. Augustin: Gesellschaft für
       Mathematik und Datenverarbeitung, 1993.

[73]   Plattner, B(ernhard); Lanz, C.; Lubich, H. [u.a.]. *Datenkommunikation und elektro-*
       nische Post. X.400: Die Normen und Ihre Anwendung. Bonn, München, Reading
       [u.a.]: Addison-Wesley, 1990.

[74]   Plattner, B(ernhard); Lanz, C.; Lubich, H. [u.a.]. *X.400 Message Handling:*
       Standards, Interworking, Applications. Wokingham, Reading, Menlo Park [u.a.]:
       Addison-Wesley, 1991.

[75]   Prinz, Wolfgang; Pennelli, Paola. „Relevance of the X.500 Directory to CSCW
       Applications: Directory support for computer based group communication" (S. 209-
       225) in Marca, David; Bock, Geoffrey. *Groupware: Software for Computer*
       Supported Cooperative Work. Los Alamitos, Washington, Tokyo [u.a.]: IEEE
       Computer Society Press, 1992.

[76]   Radicati, Sara. *Electronic Mail: An Introduction to the X.400 Message Handling*
       Standards. [Uyless Black Series on Computer Communications]. New York, St.
       Louis, San Francisco: McGraw-Hill, 1992.

[77]   Rathgeb, Michael. „Einführung von Workflow-Management-Systemen". (S. 45-66)
       in Hasenkamp, Ulrich; Kirn, Stefan; Syring, Michael [Hrsg.]. *CSCW - Computer*
       Supported Cooperative Work: Informationssysteme für dezentralisierte Unterneh-
       mensstrukturen. Bonn, Paris, Reading [u.a.]: Addison-Wesley, 1994.

[78]   Reinermann, Heinrich. „Vorgangssteuerung in Behörden". *Theorie und Praxis der*
       Wirtschaftsinformatik [HMD] 176 (1994): S. 22-34.

[79]   Reinwald, Berthold. *Teubner-Texte zur Informatik.* Bd. 7: *Workflow-Management in*
       verteilten Systemen. Stuttgart, Leipzig: Teubner-Verlag [zgl. Diss., Erlangen-
       Nürnberg, Univ.], 1993.

[80]   Reiß, Michael; Schuster, Hermann. „Organisatorische Erfolgsfaktoren des Group-
       wareeinsatzes". *Office Management* 6 (1994): S. 18-24.

[81] Riecken, Doug. „Intelligent Agents". *Communications of the ACM* 7 (1994): S. 18-21.

[82] Rodden, T[om]. „Technological Support for Cooperation". (S. 1-22) in Diaper, Dan; Sanger, Colston [Hrsg.]. *CSCW in Practice: An Introduction and Case Studies*. New York, Berlin, Heidelberg [u.a.]: Springer-Verlag, 1993.

[83] Rückert, Johannes. „Multimedia Mail. Die Post von morgen". *Office Management* 5 (1993): S. 23-26.

[84] Runge, Gerd. „Von Teletex zu X.400". *Office Management* 7-8 (1992): S. 41-44.

[85] Runge, Gerd. „X.400 und andere Standards". *Office Management* 7-8 (1990): S. 28-30.

[86] Sandkuhl, Kurt. „Kooperatives Arbeiten im Computergestützten Publizieren: Ein Erfahrungsbericht" (S. 37-49) in Klöckner, Konrad [Hrsg.]. *Groupware-Einsatz in Organisationen*. GMD-Studie Nr. 220 [GI-FG 2.0.1]. Personal Computing Symposium Marburg 10/1993. St. Augustin: Gesellschaft für Mathematik und Datenverarbeitung, 1993.

[87] Sarin, Sunil; Greif, Irene. „Computer-based Real-Time Conferencing Systems". (S. 397-420) in Greif, Irene [Hrsg.]. *Computer-Supported Cooperative Work: a book of readings*. San Mateo: Morgan Kaufmann Publishers, 1988.

[88] Sathi, Arvind; Morton, Thomas; Roth, Steven. „Callisto: An Intelligent Project Management System". (S. 269-309) in Greif, Irene [Hrsg.]. *Computer-Supported Cooperative Work: a book of readings*. San Mateo: Morgan Kaufmann Publishers, 1988.

[89] Schäfer, Martina; Niemeier, Joachim. „Die technischen Nutzenpotentiale sind ausge-schöpft: Client/Server und PC-Netze sollen Produktivität im Büro steigern helfen". [CW-Extra, 23.9.1994] *Computerwoche* 38 (1994): [Beilage: S. 8-9; S. 22.].

[90] Schimansky-Geier, Dagmar. „Workflow Management oder elektronische Dokumen-tenbearbeitung?". *Office Management* 7-8 (1994): S. 60-62.

[91] Schindler, Sigram; Endlich, Stefan; Ott, Jörg. „Videokonferenzen und Groupware" (S. 7-24) in Klöckner, Konrad [Hrsg.]. *Groupware-Einsatz in Organisationen*. GMD-Studie Nr. 220 [GI-FG 2.0.1]. Personal Computing Symposium Marburg 10/1993. St. Augustin: Gesellschaft für Mathematik und Datenverarbeitung, 1993.

[92]   Sharples, M[ike]. „Adding a Little Structure to Collaborative Writing". (S. 51-67) in
        Diaper, Dan; Sanger, Colston [Hrsg.]. *CSCW in Practice: An Introduction and Case
        Studies*. New York, Berlin, Heidelberg [u.a.]: Springer-Verlag, 1993.

[93]   Shepherd, Allan; Mayer, Niels; Kuchinsky, Allan. „Strudel: An Extensible
        Electronic Conversation Toolkit" (S. 505-518) in Marca, David; Bock, Geoffrey.
        Groupware: Software for Computer Supported Cooperative Work. Los Alamitos,
        Washington, Tokyo [u.a.]: IEEE Computer Society Press, 1992.

[94]   Smith, David C.; Cypher, Allen; Spohrer, Jim. „KIDSIM: programming agents
        without a programming language". *Communications of the ACM* 7 (1994): S. 18-21.

[95]   Stefik, Mark; Foster, Gregg; Bobrow, Daniel [u.a.]. „Beyond the Chalkboard:
        Computer Support for Collaboration and Problem Solving in Meetings". (S. 335-366)
        in Greif, Irene [Hrsg.]. *Computer-Supported Cooperative Work: a book of readings*.
        San Mateo: Morgan Kaufmann Publishers, 1988.

[96]   Steiner, Donald; Haugeneder, Hans. „Ein Mehragentenansatz zur Unterstützung ko-
        operativer Arbeit". (S. 203-229) in Hasenkamp, Ulrich; Kirn, Stefan; Syring,
        Michael [Hrsg.]. *CSCW - Computer Supported Cooperative Work: Informationssys-
        teme für dezentralisierte Unternehmensstrukturen*. Bonn, Paris, Reading [u.a.]:
        Addison-Wesley, 1994.

[97]   Storp, Hartmut. „Workflow-Management steuert Arbeitsabläufe im Büro: Konzentra-
        tion auf das Wesentliche". [CW-Extra, 23.9.1994] *Computerwoche* 38 (1994):
        [Beilage: S. 15-17; S. 22.].

[98]   Strasheim, Christian. „Die Frage des Monats: Welche Anwendung fürs Büro?". *PC
        Professionell*. 9 (1994): S. 31.

[99]   Thomas, P[eter]; Riddick, J[oanna]. „Organizational Structures, Computer Supported
        Cooperative Work and Conflict". (S. 147-160) in Easterbrook, Steve [Hrsg.].
        CSCW: Cooperation or Conflict?. New York, Berlin, Heidelberg [u.a.]: Springer-
        Verlag, 1993.

[100]   Tietz, Walter [Hrsg.]. *CCITT-Empfehlungen der F-Serie*. Sonderband: *Mitteilungs-
        Übermittlungs-Dienste und Verzeichnis-Dienste*. Serien F.400, F.500. Heidelberg:
        Decker Verlag, 1989.

[101]   Tietz, Walter [Hrsg.]. *CCITT-Empfehlungen der V-Serie und der X-Serie*. Bd. 7.1:
        Mitteilungs-Übermittlungs-Systeme. Serie X.400. [X.400, .., X.408] 6., erw. Aufl.
        Heidelberg: Decker Verlag, 1990.

[102]   Tietz, Walter [Hrsg.]. *CCITT-Empfehlungen der V-Serie und der X-Serie.* Bd. 7.2: *Mitteilungs-Übermittlungs-Systeme.* Serie X.400. [X.411, .., X.420] 6., erw. Aufl. Heidelberg: Decker Verlag, 1990.

[103]   Tietz, Walter [Hrsg.]. *CCITT-Empfehlungen der V-Serie und der X-Serie.* Bd. 8: *Verzeichnis-Systeme.* Serie X.500. 6., erw. Aufl. Heidelberg: Decker Verlag, 1989.

[104]   Tietz, Walter [Hrsg.]. *CCITT-Empfehlungen der V-Serie und der X-Serie.* Sonderband: *Mitteilungs-Übermittlungs-Systeme: Allgemeine Empfehlungen.* 5., erw. Aufl. Heidelberg: Decker Verlag, 1985.

[105]   Tietz, Walter. „Was versteht man unter X.400?". *Office Management* 6 (1993): S. 37-46.

[106]   Udell, Jon. „WorkMan Needs Work". *Byte* 8 (1993): S. 167-169.

[107]   Wagner, Michael. „Workgroup Computing. Trends: Neuheiten der Groupware '92". *Chip* 12 (1992): S. 282-284.

[108]   Wilson, Paul. *Computer Supported Cooperative Work: An Introduction.* Oxford, Dordrecht, Norwell: Kluwer Academic Publishers, 1991.

Anhang B

ABBILDUNGSVERZEICHNIS

Anhang C

ABKÜRZUNGSVERZEICHNIS

ADMD	Administration Management Domain
ANSI	American National Standards Institute
ASCII	American Standard Code for Information Interchange
ASN.1	Abstract Syntax Notation One
CAC	Computer Assisted Communication
CC	Courtesy Copy / Carbon Copy
CCITT	Comité Consultativ International Télégraphique et Téléphonique
CEPT	Conférence Européenne des Administrations des Postes et Télécommunications
CHAOS	Commitment Handling Active Office Systems
CSCW	Computer Supported Cooperative Work
DAP	Directory Access Protocol
DARPA	Defense Research Projects Administration
DEC	Digital Equipment Corporation
DFN	Deutsches Forschungsnetz
DIT	Directory Information Tree
DL	Distribution List
DS	Directory Service
DSA	Directory System Agent
DSP	Directory System Protocol
DUA	Directory User Agent
EARN	European Academic Research Network
EDI	Electronic Document Interchange
FAQ	Frequently Asked Questions
FAX	Facsimile Service
GCSS	Group Communication Support Systems
GDSS	Group Decision Support System

GM	Groupware Messaging
GMS	Groupware Messaging System
GSS	Group Support System
GUAE	Groupware User Agent Entity
IA5	International Alphabet 5
IEC	International Electrotechnical Commission
IEEE	Institute of Electrical and Electronics Engineers
IP	Internet Protocol
IPM	Interpersonal Messaging
IPMS	Interpersonal Messaging System
ISO	International Organization for Standardization
ITU	International Telecommunication Union
LAN	Local Area Network
MD	Management Domain
MHS	Message Handling System
MS	Message Store
MSAP	Message Store Access Protocol
MTA	Message Transfer Agent
MTAE	Message Transfer Agent Entity
MTL	Message Transfer Layer
MTS	Message Transfer System
O/R	Originator / Recipient
OSI	Open Systems Interconnection
OSI-RM	Open Systems Interconnection / Reference Model
P1	Message Transfer Protocol
P2	Interpersonal Messaging Protocol
P3	Submission and Delivery Protocol
P5	Teletex Access Protocol
P7	Message Store Access Protocol
P_C	Klasse von Protokollen kooperierender User Agents
PDAU	Physical Delivery Access Unit
P_G	Subklasse von P_C für Groupwareprotokolle
PRMD	Private Management Domain
P_T	Interactive Terminal to System Protocol
RFC	Request for Comment
RSA	Rivest-Shamir-Adleman-Kryptosystem
SDE	Submission and Delivery Entity
SMTP	Simple Mail Transfer Protocol
TCP	Transmission Control Protocol
TTX	Teletex
TX	Telex
UA	User Agent
UAE	User Agent Entity

UAL   User Agent Layer
WAN   Wide Area Network

Diplom.de

Die Diplomarbeiten Agentur vermarktet seit 1997 erfolgreich
Wirtschaftsstudien, Diplomarbeiten, Magisterarbeiten, Dissertationen
und andere Studienabschlußarbeiten aller Fachbereiche und Hochschulen.

Seriosität, Professionalität und Exklusivität prägen unsere Leistungen:

- Kostenlose Aufnahme der Arbeiten in unser Lieferprogramm
- Faire Beteiligung an den Verkaufserlösen
- Autorinnen und Autoren können den Verkaufspreis selber festlegen
- Effizientes Marketing über viele Distributionskanäle
- Präsenz im Internet unter **http://www.diplom.de**
- Umfangreiches Angebot von mehreren tausend Arbeiten
- Großer Bekanntheitsgrad durch Fernsehen, Hörfunk und Printmedien

Setzen Sie sich mit uns in Verbindung:

Diplomica GmbH
Hermannstal 119 k
22119 Hamburg

Fon: 040 / 655 99 20
Fax: 040 / 655 99 222

agentur@diplom.de
www.diplom.de

Diplom.de

- **Online-Katalog**
  mit mehreren tausend Studien

- **Online-Suchmaschine**
  für die individuelle Recherche

- **Online-Inhaltsangaben**
  zu jeder Studie kostenlos einsehbar

- **Online-Bestellfunktion**
  damit keine Zeit verloren geht

Wissensquellen
gewinnbringend nutzen.

Wettbewerbsvorteile
kostengünstig verschaffen.

www.ingramcontent.com/pod-product-compliance
Lightning Source LLC
La Vergne TN
LVHW092336060326
832902LV00008B/664